UNE
PAGE D'HISTOIRE

CAMPAGNES DE 1870-71 ET 18..

PAR

A. L. WOLOWSKI

ANCIEN COMMANDANT ET ORGANISATEUR

DES ÉCLAIREURS A CHEVAL DU CORPS FRANC DES VOSGES

PARIS

CHAMUEL, ÉDITEUR

29, RUE DE TRÉVISE, 29

—

1893

UNE PAGE D'HISTOIRE

DU MÊME AUTEUR

Souvenir de 1870-1871

CORPS FRANC DES VOSGES (armée de l'Est).   1 vol. in-18.

RÉFORMES A INTRODUIRE DANS LA CAVALERIE
    FRANÇAISE (projet déposé au ministère
    de la Guerre en 1872). . . . .   1 vol. in-18.

YANOFF (scène de la vie russe). . . . . .
SUR LA FRONTIÈRE PRUSSIENNE (scène de
    la vie allemande) (E. Dentu, éditeur).   1 vol. in-18.

Campagne de 1870-71

LE COLONEL BOURRAS ET LE CORPS FRANC
    DES VOSGES (armée de l'Est) (Cha-
    muel, éditeur). . .   . . 1 vol. in-18

THÉATRE

LE MILLIONNAIRE, comédie-vaudeville en 4 actes, jouée à
    Nice en 1884.
LES PIGEONS DE MONACO, drame en 5 actes.
LE CONSEIL DE YANOFF, pièce russe en 5 actes.
LE COLONEL BOURRAS, drame en 5 actes.
LE TUYAU, comédie-vaudeville en 3 actes.
MARIAGE FIN DE SIÈCLE, comédie en 3 actes.

UNE
PAGE D'HISTOIRE

CAMPAGNES DE 1870-71 ET 18..

PAR

A. L. WOLOWSKI

ANCIEN COMMANDANT ET ORGANISATEUR

DES ÉCLAIREURS A CHEVAL DU CORPS FRANC DES VOSGES

PARIS

CHAMUEL, ÉDITEUR

29, RUE DE TRÉVISE, 29

1893

AVANT-PROPOS

Je n'ai nullement l'intention de raconter la malheureuse campagne de 1870-71. C'est un soin dont bien d'autres se sont chargés et se chargeront encore avec des appréciations et sous les formes les plus diverses.

Mon seul but est de raconter scrupuleusement, exactement, les faits auxquels j'ai été directement mêlé, les incidents dont j'ai été témoin à cette époque, non seulement sur le théâtre de la guerre, mais ailleurs, dans ses coulisses, pensant qu'il y aura des déductions profitables à tirer de ces choses vues.

Il est surtout, cette part faite au passé, d'être utile pour l'avenir.

UNE PAGE D'HISTOIRE

Les premières nouvelles de la guerre me trouvèrent à Nancy et me décidèrent à m'y arrêter plus longtemps que je ne me l'étais proposé d'abord, dans l'intention de juger de près les événements qui se préparaient.

J'avais trouvé dans cette ville le 60ᵉ de ligne, qui venait de recevoir l'ordre de se tenir prêt au départ.

Les fréquents entretiens que j'eus avec plusieurs officiers de ce régiment et l'observation attentive de tout ce qui se disait dans la ville, me donnèrent à penser que, malgré le grand enthousiasme qui animait l'armée pour cette guerre et qui était augmenté par les manifestations de la population, il y avait dans les classes plus éclairées de la société comme une

1

vague appréhension des événements que préparait l'avenir.

La campagne de dix-huit mois que j'avais faite contre les Russes, en 1863-64, ma connaissance de l'organisation militaire des Prussiens, que j'avais vue fonctionner dans la partie de la Pologne qui est sous leur domination, enfin l'étude que j'avais faite de l'armée française depuis six années, m'avaient donné, à ce moment déjà, une certaine expérience des choses de la guerre.

Aussi ne pouvais-je m'empêcher de partager ces craintes.

Mais je me gardais bien de les exprimer tout haut, ne voulant pas décourager d'avance ceux qui, dans quelques jours, auraient besoin, en présence de l'ennemi, de toute leur force d'âme et de cette énergie sublime qui souvent a raison des plus grandes difficultés. Les échecs successifs que l'armée française éprouva, peu de temps après, sur les bords du Rhin, me prouvèrent malheureusement que je ne me trompais point dans mes conjectures, et la retraite du maréchal de Mac-Mahon, après les désastres de Wissembourg et de Freschwiller, me décida à offrir mes services à ma patrie adoptive.

J'avais déjà essayé, une fois, de me faire

admettre dans le régiment des lanciers de la garde, de passage à Nancy, vers la fin de juillet, mais on m'avait éconduit, vu ma qualité de Polonais. Ceci me rappelle même un incident assez caractéristique.

Je me trouvais sur le passage de l'armée de Mac-Mahon traversant Nancy, en route pour la frontière. Inutile de dire à quel point mon cœur battait. Tout à coup défilent à leur tour les lanciers de la garde. Les lanciers ! Quelle émotion pour un Polonais qui avait fait dans cette arme la campagne de 1863-64 ! Je laisse passer plusieurs escadrons. Mon émotion augmente, quand j'aperçois un capitaine dont la moustache me rappelle celle, bien connue, de mes compatriotes. Cette fois je n'y tiens plus, je cours après lui et je lui crie : « Capitaine ! capitaine, je voudrais m'engager. » Surpris, il se retourne sur sa selle et me dit en souriant : « Eh bien, venez ce soir au café des officiers, nous causerons. Vous demanderez le capitaine Raimbaud. » Le soir même nous nous retrouvions ; mais, lorsqu'il apprit que j'étais étranger, il me démontra qu'il y avait impossibilité de m'admettre. Non découragé, je m'adressai alors à la Mairie, où je ne pus obtenir qu'une réponse identique, ce qui m'obligea, bien malgré moi, à attendre les événements et à chercher ma voie. Je m'adressai alors au Conseil municipal de la ville, en lui proposant d'organiser un détachement d'éclaireurs à cheval pour aider à couvrir, en cas de besoin, la retraite de l'armée et préserver Nancy de toute attaque imprévue.

On me répondit que la ville n'était pas en état de s'imposer la dépense qu'aurait exigée cette organisation, et que les propriétaires ne consentiraient point à fournir les chevaux nécessaires.

Et, peu de temps après, cette même municipalité laissait prendre Nancy par quatre hussards de la mort prussiens, qui parcouraient en maîtres les quartiers les plus populeux, aussi tranquillement que s'ils avaient été à Berlin, et qui imposaient à la ville une première contribution de 50.000 francs, sans doute à titre de bienvenue !

La prise d'une si grande ville par quatre hommes est un fait qui n'a de précédent que dans les campagnes en Allemagne du temps de Napoléon 1er. Le maire de Nancy, M. Welche, et le préfet de l'Empire, M. Poidevin, n'ont pas fait leur devoir. Remettre les clefs d'une cité de cette importance à une patrouille de quatre soldats, dont un sous-officier, c'est inouï ! Nancy méritait d'être mieux représenté et de laisser un souvenir historique moins humiliant. Et qu'on ne dise pas que c'était une ville ouverte, qu'il fallait éviter des représailles. Cette objection ne tient pas debout : elle est misérable.

A ce compte-là il n'aurait fallu résister nulle part et courir au devant des Allemands pour se rendre.

Nancy devait faire n'importe quoi, prendre ou chasser ces quatre éclaireurs, préparer, exécuter, un semblant de défense ; en un mot, sauver au moins les apparences, sauver l'honneur.

J'ai vu sur la place Stanislas, avant la venue des Prussiens de nombreux patriotes réclamant des armes à grands cris.

J'ai vu M. Poidevin, saisir, de sa main préfectorale, un homme au cou parce qu'il réclamait, avec plus d'énergie que les autres, que l'on armât la population ! Je cite ce fait caractéristique, afin que l'on sache bien de quel côté sont les torts, qui a étouffé, au lieu d'exciter, l'élan patriotique.

De ce jour, la première faute était commise. L'exemple de la soumission était donné par ce préfet de l'Empire !

Qu'on me permette de citer ici un décret de Napoléon Ier, extrait du *Moniteur* du 7 mars 1814 (1).

---

(1) Capitaine Dumas, *la guerre sur les communications allemandes*, chez Berger-Levrault.

DÉCRET

Fismes, 5 mars 1814.

Article I. — Tous les maires, fonctionnaires publics et habitants, qui, au lieu d'exciter l'élan patriotique du peuple, le refroidissent ou dissuadent les citoyens d'une légitime défense, seront considérés comme traîtres et traités comme tels.

(Signé :) NAPOLÉON.

Citer ce décret suffit. Je n'insiste pas davantage.

Je répète encore que ce n'est pas aux habitants de Nancy qu'incombe la responsabilité de cette invraisemblable soumission, mais à ceux qui avaient la garde non seulement de leurs intérêts, mais aussi de leur honneur.

Les quatre hussards de la mort furent suivis de très près par un escadron, ensuite par des troupes plus nombreuses. Le général bavarois, baron von Bonin, devint gouverneur général de Nancy.

La première chose qui frappa tout le monde, ce fut la manière de s'y prendre des Prussiens pour cantonner leurs troupes chez les habitants. Les sous-officiers, une craie à la main, couraient de porte en porte pour inscrire le chiffre que, d'après un coup d'œil, la maison pouvait et devait abriter d'hommes de Sa Majesté le Roi de Prusse.

Immédiatement ils envahissaient les maisons ainsi désignées, s'emparaient des bonnes chambres et commençaient à faire leur soupe.

Nous étions donc au milieu des Allemands !

Je n'oublierai jamais les tristes figures des Nancéens, obligés qu'ils étaient de coudoyer l'ennemi sans pouvoir désormais trop ouvertement manifester la haine qu'ils avaient au cœur.

Et moi, de mon côté, j'étais consterné mais non pas découragé. J'ai vu pire que cela dans mon pays.

Il y avait plusieurs familles polonaises à Nancy ; entre autres celle du professeur Bartkowski. Nous nous réunissions tous les jours pour échanger nos impressions sur les événements qui se déroulaient avec une rapidité incroyable, et nous nous étonnions surtout de cette fatalité, de ce fait étrange, qu'étant forcés de fuir les Russes et les Allemands qui nous ont chassés de la Pologne, nous étions suivis par nos ennemis séculaires jusqu'en France, cette France hospitalière, notre abri, notre seconde patrie.

J'avais donc deux motifs pour bouillonner, deux raisons, maintenant, d'en vouloir aux Prussiens.

Je résolus de faire une nouvelle tentative pour m'engager dans l'armée française.

Mais, profitant de ce que le hasard me mettait au milieu des Allemands, je restai quelque temps encore à Nancy, pour mieux observer leur manière d'agir, afin de saisir sur le vif, de deviner, pour ainsi dire, comment et de quelle manière je pourrais plus utilement servir la France.

Ils n'étaient pas à plaindre, les envahisseurs. Le maire, M. Welche, (que M. de Girardin appela plus tard le « père des uhlans ») avait, dans sa sollicitude pour eux, pris soin de faire afficher partout le menu que ses administrés étaient tenus de leur servir !

Il y avait cependant un point noir dans l'existence des Prussiens : c'était la cordiale exécration que ne leur dissimulaient nullement les Bavarois, qui, du reste, n'ont pas varié jusqu'à la fin de la guerre, et peut-être plus tard. Et dire qu'il y aurait probablement eu moyen d'utiliser ce sentiment instinctif !

Malheureusement une mauvaise nouvelle, suivie de plusieurs autres, arriva à Nancy.

Les Bavarois se portèrent vers Toul pour assiéger cette petite place forte.

Nous sortions de la ville pour aller écouter le bombardement.

La nomination, par l'Empereur, du maréchal Bazaine, comme généralissime, était la principale question du jour.

Il y avait diverses opinions à ce sujet.

Les uns comptaient beaucoup sur les capacités de ce maréchal de France, sorti du rang simple soldat. « C'est de bon augure, disait-on. L'Empereur a donné le commandement suprême à un roturier, à un parvenu ! »

Les autres, au contraire n'étaient pas contents. On se souvenait de sa conduite au Mexique. Malheureusement ce furent ces derniers qui devaient avoir raison.

L'esprit général de la population, tant de la ville que des environs, était bon, je me plais à le constater.

Aussi je ne perdis pas une occasion pour exciter dans la mesure de mes forces ces bonnes dispositions.

Ma qualité de Polonais, officier pendant la dernière insurrection, me donnait un certain prestige au milieu des Nancéens où, comme on le sait, le nom de mes compatriotes est très considéré, grâce surtout à notre bon roi Stanislas, et, aussi à ce que les Polonais ont suivi les armées françaises sur tous les champs de bataille.

De tous temps ils ont eu la réputation d'être de bons soldats. C'est donc grâce à ce précédent, et pas mal également à mon initiative individuelle, que je dus par la suite, chose que je démontrerai amplement dans ce volume, un double rôle bien à part : celui du soldat et celui de l'initiateur, de l'organisateur.

Après le désastre de Sedan, les circonstances étant changées, je me rendis à Epinal, en compagnie de plusieurs jeunes gens et, entre autres, du jeune vicomte Henri de Maillard de Landreville.

Je m'engageai, avec ce dernier, au 2e régiment de lanciers, commandé par son père, que tout Nancy connaît.

Ma rencontre avec M. Henri de Landreville mérite d'être racontée dans les moindres détails.

Ce jeune homme était étudiant en droit à Nancy, où j'avais fait sa connaissance. C'était un tempérament tout spécial : comme civil, avant la guerre, c'était un gandin complet, un « crevé », suivant la locution de l'époque, donnant, en compagnie de son cousin, du même âge que lui, le ton, et imposant le « genre » aux autres jeunes gens de bonne famille. Comme soldat, ce fut la bravoure même; il avait de plus une intelligence, une sûreté de coup d'œil, qui pouvaient le faire prendre pour modèle par les autres officiers, surtout dans les éclaireurs à cheval, corps d'une importance capitale en temps de guerre, principalement dans un territoire envahi, comme la France l'était alors.

De notre rapprochement résultèrent tant de faits importants qu'ils appartiennent presque à l'histoire, par certains côtés.

C'est donc le 12 septembre que M. de Landreville et moi, nous nous engagions à la mairie d'Epinal, comme volontaires au 2ᵉ lanciers.

Mais comme j'avais rédigé auparavant un projet de réorganisation complète de la défense, projet qui, comme on le verra plus tard, eût pu avoir sur ma destinée une influence considérable, nous obtînmes, tous les deux, la permission de ne nous rendre au dépôt de notre régiment, qui se trouvait à Langres, qu'après avoir passé par Paris, pour nous mettre à même de présenter ce projet au Gouvernement.

Chemin faisant, nous voyions partout des officiers qui avaient réussi à s'échapper de Sedan. C'est ainsi qu'à Vesoul on nous montra le général Ducrot se dirigeant sur Paris et n'ayant pas encore quitté son déguisement de marchand de bestiaux.

Près d'Orléans (ce détour énorme indique assez le désarroi qui régnait partout), nous eûmes le plaisir de rencontrer, dans un wagon de 1re classe, M. Varaigne, capitaine du génie, également évadé de Sedan. Plusieurs autres officiers se trouvaient avec nous dans le même compartiment. M. Varaigne, étant déguisé en civil et rasé complètement, me faisait l'effet bien plus d'un ecclésiastique en bourgeois que d'un militaire. Je causais donc de préférence avec les officiers en tenue, assis en face de moi, ne faisant pas attention du tout à ce « pékin » qui occupait l'extrémité du wagon. La conversation dans cette voiture, où le dieu hasard nous réunissait ainsi, ne chômait pas. Je puis avouer que c'est moi qui causais le plus, mais je parlais de choses utiles, de l'unique question qui intéressait les hommes de cœur ; de la guerre, en un mot.

Tous les officiers de ce compartiment m'approuvaient entièrement et disaient que, depuis le désastre de Sedan, la seule chose qui restât à faire était celle que j'indiquais : la guerre de guerillas.

Tous me remirent leur nom et leur adresse, me déclarant qu'ils viendraient me rejoindre dès qu'ils apprendraient que je serais investi d'un commandement, chose dont ils ne doutaient pas.

Un d'eux, le payeur de l'armée du maréchal Canrobert, me remit sa carte de visite ; je regrette de ne pas me souvenir de son nom. Il me promit, lui aussi, son concours, s'engageant à me rejoindre au premier signal.

Sur ce, je vois se lever de son coin le monsieur tout rasé, de haute taille, que je prenais pour un prêtre. Il s'assied près de moi, prend une feuille de papier, inscrit son nom au crayon et me le tend pour en prendre connaissance. Je lis cette simple inscription : « Varaigne, capitaine du génie, évadé de Sedan. »

Il m'adresse alors ces paroles, qui, quoique prononcées il y a vingt-trois ans, sont encore présentes à ma mémoire, comme s'il me les avait dites aujourd'hui :

— Depuis que nous sommes ensemble dans ce wagon, je vous observe, j'écoute tout ce que vous dites, et je vois avec plaisir que vous êtes très au courant des choses de la guerre.

J'avoue qu'une pareille approbation, venant spontanément d'un capitaine du génie, me fit un très grand plaisir. Non pas par vanité, mais parce que je considérais qu'elle serait suivie d'un appoint, d'un précieux concours pour le but que je cherchais à atteindre: la défense nationale au moyen de la guerre de partisans.

Inutile d'ajouter que je répondis à la déclaration du capitaine Varaigne par un cordial serrement de main qui devait signifier : « Merci. Marchons désormais ensemble, puisque nous nous comprenons. »

M. Varaigne sortit de sa poche une feuille de papier, et me la tendit en ajoutant : « Veuillez prendre connaissance de ceci. »

Je lus rapidement. C'était son projet d'organisation de nombreux bataillons de mobiles qui devaient, suivant son expression, servir de noyau à l'armée. Il se rendait à Paris, auprès du général Trochu, pour obtenir l'autorisation en question.

Une fois ma lecture terminée, il me demanda mon avis.

Voici ce que je lui répondis :

— Vous voulez organiser vos bataillons de mobiles comme un commencement de corps d'armée.

... Que feriez-vous avec vos bataillons, massés sur un point quelconque, comme il convient à une armée, puisque les Prussiens vous ont enfermé une armée autrement grande dans Metz et que vous en avez perdu une autre à Sedan ?

... Le jour où les Prussiens sauront où vous aurez massé vos bataillons nouvellement organisés, ils vous envelopperont sans difficulté et vous perdrez le fruit de vos efforts.

Cette réponse impressionna vivement M. Varaigne qui me posa la question suivante :

— Mais alors, que faut-il faire, d'après vous ? Pensez-vous que tout soit perdu ?

— Non, répondis-je. Mais il faut procéder d'une autre façon. Organisez vos bataillons comme vous voulez le faire, mais bataillon par bataillon, en éparpillant compagnie par compagnie, comme font les guerillas, étendant un rideau derrière lequel vous organisez alors votre corps d'armée qu'il faut, au contraire, former à tout prix. Mais commencez, je le répète, par les compagnies franches qui tracasseront les Prussiens pendant que vous vous occuperez de votre armée improvisée.

M. Varaigne me donna raison sans hésitation. Ce que voyant, à mon tour, je sortis de ma poche un pli, dont je rompis l'enveloppe, et, le lui tendant, je le priai de prendre connaissance de son contenu.

C'était mon projet, que nous portions, M. de Landreville et moi, à Paris, pour le soumettre au gouvernement, mon projet de guerre de partisans, dont la rédaction avait été retouchée, grammaticalement, par mon compagnon de route. Nous l'avions rédigé à l'hôtel de la poste, à Epinal. Oh ! cette chambre ! quel souvenir ! et quelles espérances n'y fondions-nous pas ! Je me propose toujours d'aller à Epinal la revoir, si possible, faire revivre ce souvenir inoubliable de l'émotion la plus forte certainement que j'aie ressentie dans mon existence, qui cependant commence à être longue déjà ! Nous avions la foi, la conviction. Nous espérions, nous comptions, au moyen de ce projet, contribuer à chasser les Prussiens du sol français !...

M. Varaigne lut mon papier et me le rendit sans prononcer une parole.

— Pourquoi ne me donnez-vous pas votre opinion sur mon idée, lui dis-je, lorsque je vous ai exprimé ce que je pense de là vôtre ?

Alors, lui, de me répondre :

— Votre projet est d'une audace inouïe. Mais je doute, autant que je connais mon pays, qu'on vous laisse faire ce que vous demandez.

— Que trouvez-vous, lui demandai-je, d'inacceptable là-dedans ?

Il m'indiqua alors deux points, sur sept que renfermait mon projet, comme étant susceptibles d'être rejetés par le gouvernement de la défense nationale. Mais, pour le reste, il admettait la possibibilité de la prise en considération.

— Oh ! alors, lui répondis-je, si l'on me retire ces deux points, je n'ai plus de raison d'être ! Sans ces deux points essentiels (le lecteur les connaîtra bientôt) je serais absolument désarmé, incapable de réagir contre le mal dont la France est accablée.

... Car, en effet, dans la guerre de guerillas, c'est-à-dire la guerre sur le territoire envahi par l'ennemi, les moyens d'action sont tout à fait différents de ceux d'une guerre offensive, d'une guerre régulière.

... Lorsqu'un pays est déjà envahi et ne veut pas se résigner à déposer les armes, ne veut pas se soumettre sans faire un effort viril et digne d'un peuple tel que la France, tous les moyens d'action changent, car c'est une guerre générale, nationale, qui surgit. Le concours de tous, *sans exception*, est nécessaire.

... Comment alors supprimer de mon projet les deux points en question ?

... Ces deux points font la principale, presque l'unique force du plan d'ensemble de guerre en pays envahi.

M. Varaigne me dit alors :

— Le hasard nous a fait rencontrer, chacun de nous deux ayant son projet. Allons ensemble à Paris.

— Oui, allons ensemble à Paris, lui répondis-je...

Après s'être longuement entretenu avec moi, il finit par me proposer de réunir nos efforts, de manière à servir toujours ensemble, dans le même corps, en laissant la direction générale de ce corps à celui de nous dont le projet serait admis le premier par le ministre de la guerre.

Ainsi, partis d'Epinal, M. de Landreville et moi, dès Orléans nous étions déjà trois à poursuivre le même but : la défense nationale.

Chemin faisant, j'achetais aux stations les journaux de Paris pour apprendre ce qui se passait.

Dans le nombre il s'en trouve un (je regrette de ne pas me souvenir de son titre — cependant, vu mes habitudes de lecture à cette époque, ce devait être *le Siècle*, *l'Opinion nationale*, *l'Avenir national*, ou le *Rappel*) qui disait à peu près ceci :

« La France est en danger !

« Nous n'avons plus d'espoir !

« L'armée nous manque !

« Une est prisonnière à Sedan !

« L'autre est à Metz.

« Sur qui désormais compter ?

« Il ne faut compter que sur les hommes de « bonne volonté.

« Mais où sont-ils ?

« Cherchons-les ! Invitons-les à prendre sur
« eux la lourde charge de défendre le sol de la
« France. Quels qu'ils soient, promettons-leur
« la reconnaissance nationale, donnons-leur
« les honneurs, les grades, donnons-leur tout
« ce qu'ils voudront, pourvu qu'ils se chargent
« de faire la guerre telle qu'il faut la faire, sui-
« vant les événements, surtout qu'ils fassent la
« guerre de guerillas, comme on l'a faite en
« Espagne, comme on l'a faite en Pologne. »

Il m'est impossible de décrire l'impression
que produisit sur moi l'article de ce journal.
Et le hasard me faisait tomber ce numéro dans
les mains, juste au moment où je venais à Paris
pour cela !

Je me promis d'aller voir ce journaliste,
mais, dès mon arrivée à Paris, les événements
marchèrent si vite, nous étions tellement occupés à obtenir une solution pour nos projets,
M. Varaigne et moi, que le temps me manqua
absolument.

Nous voilà enfin à Paris !

J'en étais parti fin juin, c'est-à-dire sous
l'Empire : j'y reviens le 15 septembre, à la nuit
tombante, et je le retrouve dans son rôle de
place forte, — tous les Parisiens habillés en
soldats, tous les soldats faisant l'exercice.

Que de changements en si peu de temps!....

Voici maintenant la description fidèle de l'emploi des deux journées que j'y ai passées, étant reparti le 17, *par le dernier train*, avant l'investissement complet, séjour d'une bien courte durée et rempli de faits importants qui devaient avoir, par la suite, une si grande influence sur les moyens de la défense dans toute la région de l'Est.

M. Varaigne et M. de Landreville descendent à l'hôtel du Bon Pasteur, rue Sainte-Anne, tandis que moi, bien que j'aie un appartement rue Saint-Honoré, n° 217, appartement de garçon, sans domestiques, négligé naturellement après une absence de plusieurs mois, je reçois l'hospitalité d'un ami, d'un fidèle partenaire de jeu d'échecs, M. le docteur Édouard Landowski, compatriote et camarade d'exil, demeurant rue Fontaine-Molière, n° 5.

M. Varaigne se rend tout de suite au magasin de la Belle-Jardinière pour s'acheter un costume de capitaine du génie. Une fois équipé, et sa croix de chevalier de la Légion d'honneur sur la poitrine, il commence ses démarches auprès du général Trochu pour obtenir une audience. Moi, de mon côté, je veux revoir mon appartement de la rue Saint-Honoré, et mes oiseaux dont j'ai confié la garde à mon concierge.

Lorsqu'une chose doit réussir, (mon intention étant de parler à M. Ernest Picard, le seul membre du gouvernement que je connaissais) le hasard vous sert toujours. Avant de voir mes oiseaux, avant de voir mon concierge, je tombe sur lui, sous la porte cochère même. Du temps de l'Empire, il avait dans cette maison son étude d'avocat, au fond de la cour, à gauche. Il sortait. Comme je viens de le dire, j'avais l'honneur de le connaître déjà personnellement par mon frère qui était très lié avec lui. Sa vue produisit sur moi une impression d'autant plus vive que je cherchais précisément à le joindre et à recourir à son aide pour remettre mon projet de guerillas au ministre de la Guerre, M. le général Le Flô.

Quoiqu'il me paraisse bien pressé, je n'hésite pas une seconde. Je me campe bien en face de lui pour lui barrer le passage, je tire respectueusement mon chapeau et, bravement, je l'aborde, en lui jetant ces quelques mots :

— J'arrive de Nancy et d'Epinal, Monsieur le Ministre.

Cette apostrophe produit sur lui l'effet voulu.

— Ah! vous arrivez de là-bas ? — me demande-t-il.

— Oui, Monsieur le Ministre.

— Dites-moi vite ce qui s'y passe.

— J'ai beaucoup de choses à vous apprendre. Veuillez m'accorder un moment d'entretien.

— Venez avec moi, je suis en retard, je me rends au Conseil des ministres à l'Hôtel de Ville. Nous causerons en route.

Et s'approchant d'un coupé qui stationnait devant la maison, il y monte et me fait signe de m'asseoir à côté de lui.

Cette simplicité m'inspire soudainement une remarque réconfortante : « Le brave homme ? pensai-je, mon projet sera dans de bonnes mains. » Et je ne me trompais pas... tout à fait.

Il me pose différentes questions, spécialement sur ce qu'on dit, ce qu'on pense et surtout sur l'esprit de la population dans ces parages.

Je réplique que « l'esprit de la population » est excellent, mais qu'il n'y a personne sur place pour en tirer parti.

Ma réponse le frappe vivement et il me demande ce que j'entends par là.

Je lui dis brièvement qu'il faut absolument utiliser les bonnes dispositions des habitants, qu'ils réclament à hauts cris des armes et le moyen de combattre l'invasion.

— Vous me faites du bien en me disant cela, répond-il.

Alors, moi, vivement, je lui tends mon pli contenant mon projet, explicite, détaillé, de guerre de partisans, en ajoutant :

— Voici, Monsieur le Ministre, un projet de guerre. Veuillez en prendre connaissance et donnez-lui la suite que vous jugerez à propos.

Le ministre reste interdit un moment. Il n'a pas prévu cela.

— Est-ce vous qui en êtes l'auteur?

— Moi-même.

— Etes-vous militaire ?

— Militaire, non. Officier de la guerre de Pologne, oui. La guerre de guerillas et ses moyens d'action sont indiqués dans la pièce que vous tenez entre les mains.

— Et vous demandez au gouvernement ?

— La responsabilité d'agir. Le pouvoir de faire le soulèvement général de toute la population des pays envahis. Je ne désire pas de commandement dans les régions encore libres, je demande seulement pleins pouvoirs dans *celles qui sont occupées* par les prussiens. Notez bien, surtout, Monsieur le Ministre, la grande différence qui existe entre mon système de guerre et celui qui est appliqué jusqu'ici.

Je vois mon interlocuteur de plus en plus surpris. Heureusement pour moi, la voiture s'engage dans la rue de Rivoli; il peut être

huit heures du soir, et la chaussée est obstruée
par de nombreuses colonnes de la garde mo-
bile en marche. Le coupé ne peut avancer qu'à
petits pas. Notre conversation reprend son
cours. Le ministre, étant dans l'impossibilité
de lire dans l'obscurité, me demande de lui
expliquer succinctement mon idée. Tant bien
que mal je lui en expose rapidement les points
principaux, quand la voiture entre sous la porte
de l'Hôtel de Ville.

M. Picard descend avec moi en me disant ces
mots que je n'oublierai jamais :

— Bien ! je suis content de vous. Je vais lire
votre projet ; ce soir même il sera entre les
mains du général Le Flô, ministre de la
guerre.

... Donnez-moi votre adresse.

... Quoiqu'il arrive, vous allez recevoir ma réponse.

— Rue Saint-Honoré, n° 217.

— Comment ! nous sommes voisins ?

— J'habite la maison où vous avez votre bureau.

— Parfaitement. Alors réclamez ma lettre
chez le concierge.

Là-dessus il me serre la main et me quitte
brusquement.

J'étais ravi du résultat de cette entrevue fortuite et si prompte avec ce ministre. Son attitude, sa rondeur, sa parole brève, l'espérance qu'il me laissait, ces mots provenant d'un membre de la défense nationale : « Je suis content de vous » ; tout cela me rendait heureux, je l'avoue. Mais il ne s'agissait guère, pour moi, de satisfaction personnelle : il s'agissait de savoir ce que deviendrait mon projet... Pas à pas, je reviens par la rue de Rivoli et retrouve la même colonne de mobiles dont la marche lente, obstruant la rue, avait prolongé ainsi involontairement mon entretien avec M. Picard.

Mon long voyage, sans interruption, avec M. de Landreville, depuis Epinal jusqu'à Paris, en passant par Vesoul et Orléans, me donnait droit au repos.

Rentrant chez le docteur Landowski, je lui raconte en deux mots l'emploi de ma soirée ; il me félicite sur ma chance qu'il prétend de bon augure.

Malgré ma lassitude, toute la nuit je pense à ce qui m'arrive : mon projet admis sans réserves par M. de Landreville, approuvé, sauf quelques détails, par un capitaine du génie, enlevant les autres officiers, mes compagnons de route, étonnant un ministre ; la promesse d'une prompte solution, l'espérance de pouvoir être bientôt utile à ma seconde patrie, tout cela tourbillonnait dans mon cerveau. Les gens convaincus, ayant le feu sacré, exaspérés, humiliés, de voir le sol français sous les talons tudesques, me comprendront.

Le lendemain matin je me rends à l'hôtel du Bon Pasteur rejoindre MM. Varaigne et de Landreville. En quelques mots je leur raconte mon aventure de la veille, et M. Varaigne me dit :

— Bravo! avoir un ministre des finances pour soi, lorsqu'on veut, comme vous, organiser la défense nationale, c'est posséder le nerf de la guerre.

Lui, de son côté, n'avait pas perdu son temps. Il avait obtenu du gouverneur de Paris une audience pour 9 heures du matin. Nous allons tous les trois rue de Rivoli, en face la place du Palais-Royal, à l'Etat-Major du gouverneur de Paris. Je vois encore M. Varaigne s'engager au fond de la cour et bientôt disparaître derrière une porte. C'est une nouvelle émotion pour nous.

En nous quittant, le capitaine a promis de dire au général Trochu qu'il a rencontré en route deux volontaires du 2e lanciers, et qu'il voudrait qu'on nous détachât de notre régiment pour nous mettre à sa disposition, dans le cas où il obtiendrait la mission d'organiser la défense dans les Vosges qu'il sollicite du gouvernement.

Il reste longtemps chez le général Trochu, très longtemps même. La faim nous prend ; nous nous décidons à aller déjeuner, sachant bien que M. Varaigne saura nous retrouver à l'adresse du docteur Landowski, que j'ai eu la précaution de lui indiquer.

Une heure après il arrive. Sa physionomie est transformée ; on voit l'homme heureux ! En entrant il nous dit :

— Tout va bien ! Je suis chargé de la mission pour les Vosges; nous allons pouvoir organiser la Défense nationale dans l'Est.

Là-dessus, énergiques poignées de mains, félicitations bien méritées, et présentation de l'heureux officier au docteur Landowski.

M. Varaigne reprend alors, s'adressant à M. de Landreville et à moi :

— J'ai parlé de vous deux au gouverneur de Paris, je lui ai dit notre rencontre en chemin de fer, le désir que j'ai de vous avoir à mes côtés pour cette mission ; il m'a autorisé à vous garder avec moi.

Je suis très heureux de cette nouvelle, car, dorénavant, quoi qu'il advienne de mon propre projet, je pourrai rendre plus de services, être plus utile qu'en restant simple soldat, selon mon récent engagement.

Sur ce, arrive chez le docteur notre compatriote, le général Kruk, un des héros de l'insurrection polonaise. Il est mis au courant du but de notre réunion chez lui par M. Landowski, qui ajoute :

— Eh bien ! voici une occasion, espérée pour vous, de mettre vos talents au service de la France !

— C'est vrai, répond le général, et, s'adressant à M. Varaigne, il lui demande s'il voudrait de lui.

Celui-ci nous paraît être pas mal gêné et finalement répond :

— Mais, mon général, certes je voudrais profiter de votre offre généreuse, mais votre passé militaire, votre grade m'embarrassent beaucoup. Je ne suis moi-même que capitaine, chargé de l'organisation, il est vrai, mais il ne dépend pas de moi de vous octroyer une si haute situation ; et je ne suppose pas que vous consentiez à en accepter une autre, qui ne serait pas conforme à vos talents militaires bien constatés sur tant de champs de bataille.

Le général Kruk réplique :

— Peu m'importe le grade ; je serais heureux de servir la France qui nous donne l'hospitalité, à nous autres. Général je suis, général je resterai pour l'histoire de la Pologne. En France je serai ce que vous voudrez.

M. Varaigne le remercie vivement pour son abnégation et son dévouement, et lui propose d'être son collaborateur, son aide, dans l'organisation dont il entreprend la tâche.

Le général, accepte sans hésitation et demande quel jour il doit partir.

— Aujourd'hui même! répond le capitaine.

Le général Kruk étant marié et père de famille, ne pouvait partir si à l'improviste. Aussi il demande, étant pris au dépourvu, un délai de deux ou trois jours, car il peut être longtemps absent, ne pas revenir, même; il faut qu'il songe à la vie matérielle des siens, qu'il ne peut abandonner malgré son désir de prendre du service. Là-dessus le capitaine explique rapidement la situation de Paris, et prouve au général qu'un retard de deux jours l'expose à ne plus pouvoir partir du tout. Il l'invite à venir le plus tôt possible nous rejoindre à Epinal.

Ce qui était prévu est arrivé. Bloqué dans Paris, le général se trouva dans l'impossibilité de venir à nous, et c'est dommage, car c'était un homme d'un très grand mérite dont le concours dévoué et désintéressé eût été précieux. Il est indiscutable, en somme, qu'il y avait grand profit à tirer, pour la France, des services de mes compatriotes qui venaient précisément de faire la guerre de partisans à leurs risques et périls et d'acquérir une rude expérience.

MM. Varaigne, de Landreville et moi, nous prenons congé du docteur Landowski et du général Kruk, et nous nous dirigeons en voiture à la gare Montparnasse, lieu de rendez-vous du capitaine avec plusieurs officiers du génie et d'artillerie, qui devaient y attendre le résultat de son entrevue avec le général Trochu.

A la gare nous rencontrons ces messieurs qui nous apprennent que nous avons encore deux heures de temps avant le départ du train. Nous nous rendons au café ; et là leur joie est grande lorsqu'ils savent que l'heure de l'action a sonné de nouveau pour eux.

Ma situation, en ce moment, malgré toute la chance qui ne cesse jusqu'ici de me poursuivre, est assez bizarre et complexe. En somme, simple soldat, engagé volontaire au 2e lanciers, je n'ai d'autre permission de mon régiment que de passer par Paris pour rejoindre le dépôt. Il est vrai que M. Varaigne est autorisé par le gouverneur Trochu à me garder avec lui, ainsi que M. de Landreville.

De sorte que je suis sous ses ordres, je dois partir avec lui, et il me reste à peine un délai de deux heures avant de me mettre en route.

Mais la réponse que M. Picard doit me laisser rue Saint-Honoré et dont mon sort peut dépendre ?

Comment concilier tout cela ?

Très impatient, très perplexe, je me décide à confier mon embarras au capitaine, lui rappelant que le ministre des Finances m'a promis une lettre, et lui demandant l'autorisation de prendre une voiture et d'aller aux nouvelles.

Il approuve ma détermination et voici la proposition définitive qu'il me fait spontanément :

— J'ignore quelle réponse vous pourrez trouver à propos de votre projet. Allez-y toujours. Mais, devant ces messieurs, je veux vous faire une offre que je tiens beaucoup à vous voir accepter. Je souhaite que vous obteniez plein succès ; mais comme vous demandez un commandement pour l'Alsace et la Lorraine, et que moi je serai dans les Vosges, nous serons tout près les uns des autres ; nous combinerons ensemble nos efforts. Toutefois, si vous n'avez pas ce que vous désirez, rejoignez-nous à Epinal, et, dès maintenant, je vous dé-

clare que le premier bataillon que nous orga-
niserons, c'est vous qui en prendrez le
commandement. Ces messieurs trouveront la
chose toute naturelle, puisque vous êtes au
courant de la guerre de guerillas, et que vous
êtes même l'auteur d'un projet de ce genre.
Du reste, puisque vous êtes d'avis qu'avant de
former une nouvelle armée il faut d'abord
commencer par créer des rideaux de francs-
tireurs, faites-le, et moi, avec ces messieurs,
nous nous occuperons de la formation d'un
nouveau corps d'armée.

J'accepte de tout cœur cette offre loyale
d'un officier chargé d'une si haute et si importante mission.

Avant de continuer mon récit, je crois devoir donner les noms des personnes qui venaient suivre M. Varaigne pour l'aider dans
l'accomplissement de sa tâche.

MM. Alphonse Bourras, capitaine du génie,
Schœdlin, capitaine d'artillerie, Pistor, élève
de l'école Polytechnique, Louis Godard, élève
de l'Ecole des Ponts-et-Chaussées.

A l'heure où j'écris, trois sur sept personnes
qui étaient ce jour-là au café près de la gare
Montparnasse, n'existent plus.

Le capitaine Schœdlin a été tué à la bataille
de la Bourgonce, le 6 octobre 1870.

Le capitaine Bourras, devenu colonel du Corps-Franc des Vosges, ensuite général de la garde nationale de Lyon et du Rhône, est mort. Nous lui avons érigé une statue, le 4 septembre 1892.

M. Henri de Landreville est mort.

Nous sommes quatre survivants.

D'abord M. Varaigne, actuellement général, commandant la division des Vosges. Puis M. L. Godard, maintenant ingénieur en chef des Ponts-et-Chaussées, à Alger. Détail typique : rentré, après la guerre, à l'Ecole des Ponts-et-Chaussées, il en sortait avec le n° 1.

Le troisième, c'est le lieutenant-colonel Pistor, en ce moment attaché à la personne de M. le Président de la République qui, après la guerre, rentra de nouveau à l'Ecole polytechnique avec sa croix de chevalier de la Légion d'honneur, et en sortit, lui aussi, 1er de sa promotion.

Le quatrième survivant c'est le modeste auteur de ce livre.

Une voiture me dépose rue Saint-Honoré, n° 217. A ma vue, le concierge me tend un pli au timbre du ministère des Finances. Je l'ouvre précipitamment et je lis ce qui suit :

MINISTÈRE DES FINANCES

—

—

Paris, le 16 septembre 1870.

Monsieur,

Le Ministre des Finances vous recevra demain matin vers 8 heures.

Votre serviteur,

G. PALLAIN,
Secrétaire-adjoint.

Vivement, je retourne à la gare Montparnasse où je retrouve ces messieurs. Je communique la lettre à M. Varaigne qui se montre très satisfait de ma convocation. Je tente de retarder leur départ jusqu'au lendemain matin, mais en vain. Ils étaient tous pressés de retourner en province pour commencer l'organisation qu'avait projetée M. Varaigne.

M. de Landreville même essaie de partir aussi et de me laisser attendre, seul, le résultat de mon entrevue avec M. E. Picard. Je n'ai pas besoin de faire un grand effort d'éloquence pour le persuader qu'il ne doit pas m'abandonner, puisqu'il m'a promis de lier son sort au mien pendant toute la durée de la guerre. M. Varaigne m'aide à le décider à rester avec moi.

Avant de nous séparer, le capitaine me renouvelle sa proposition, au cas où le Gouvernement de la Défense ne sanctionnerait pas mon projet, de venir le rejoindre à Epinal, où le commandement du premier bataillon qu'on y devait organiser me serait dévolu.

L'heure du départ du train approchant, force poignées de mains sont échangées et me voici seul avec M. de Landreville.

Cette séparation me laisse sous une impression d'autant plus pénible que les relations qui se font dans de telles circonstances sont plus rapidement solides et amicales.

M. de Landreville, dans son ardeur de jeune patriote de 19 ans, me boude un peu parce que, dit-il, je l'ai empêché de partir avec les autres, et qu'il a peur que nous ne restions bloqués à Paris.

Le lendemain, avant huit heures du matin, je me dirige vers le Ministère des Finances, qui, plus tard, est devenu la proie des flammes de la guerre civile.

Je pénètre dans une immense salle, précédant le cabinet où recevait alors le ministre.

Malgré l'heure matinale, une quinzaine de personnes sont déjà là.

L'huissier de service, qui était allé m'annoncer, revient presque immédiatement et, à la grande surprise de ceux qui attendaient avant mon arrivée, me prie de pénétrer auprès du ministre.

Aussitôt que je me trouve devant lui, M. Ernest Picard dit brusquement :

— J'ai lu votre projet. Il est de la plus haute importance, et je l'appuierai de toutes mes forces.

Ma joie est grande. Cependant je reste absolument maître de moi, sans l'avoir manifestée d'une façon quelconque.

Il reprend :

— Votre projet n'est pas exclusivement militaire. Il embrasse une nouvelle organisation. Vous indiquez un nouveau système de défense nationale. Aussi, au lieu de vous envoyer au ministre de la Guerre, le général Le Flô, je vous donnerai une lettre d'introduction auprès du général Trochu qui, en sa qualité de président du Gouvernement de la Défense nationale, a seul qualité pour statuer sur une question de cette importance.

Je réponds à M. Picard qu'il m'importe peu auprès de qui je serai introduit, pourvu que je voie l'homme qui a qualité pour étudier mon projet.

Il demeure un instant pensif, puis dit :

— Réflexion faite, j'aime mieux vous donner une introduction auprès du général Schmitz qui, comme chef d'Etat major général du Gouverneur de Paris, a le pouvoir de décider, tout comme le général Trochu. Mais vous le verrez plus facilement. Chose essentielle, n'est-ce pas ?

J'accepte cette nouvelle combinaison du ministre, qui se met immédiatement à écrire.

Pendant le court moment où M. Ernest Picard écrit, mon émotion est profonde. Vais-je enfin atteindre le but vers lequel tendent, depuis longtemps déjà, tous mes efforts, et pour lequel je sacrifierais ma vie ? Car, pour nous autres, élevés dans l'amour de la France, nous avons appris à la chérir jusqu'à l'égal de notre propre patrie.

Depuis l'année terrible, cet attachement a augmenté d'autant plus rapidement qu'à partir des malheurs qui se sont abattus sur la France, il s'est établi une sorte de similitude dans les situations respectives de nos deux pays. Les Prussiens qui avaient envahi la France, n'occupaient-ils pas une partie de notre pauvre et chère Pologne ?

Pour nous autres Polonais, combattre l'Allemand, sur le territoire qu'il occupe illégalement, soit en Pologne, soit en France, est absolument identique.

Peu nous importe le théâtre de la guerre, pourvu que nous ayons l'occasion de frapper sur ce qui pour nous est resté l'éternel ennemi.

Ainsi pendant que M. Ernest Picard écrit, je pense qu'enfin il me prépare le moyen de servir la France, en assouvissant ma haine contre le Prussien.

M. Picard me tend tout à coup la lettre en me disant :

— Voici une introduction auprès du général Schmitz.

... Allez le voir tout de suite. J'espère que de cette entrevue il ressortira quelque chose de profitable pour la défense nationale. Allez, et surtout n'oubliez pas de me tenir au courant de ce que vous ferez, de ce que vous deviendrez.

— Merci, Monsieur le Ministre.

— Ne me remerciez pas. Je suis plus disposé à le faire moi-même, car vous voulez défendre mon pays.

— Est-ce tout, Monsieur le Ministre ?

— Et que voulez-vous encore ?

— Mais, Monsieur le Ministre, mon projet !
Il m'est nécessaire, pour le présenter au général Schmitz.

— Ah ! c'est vrai. Attendez.

M. Picard recherche la note que je lui avais
remise la veille, dans sa voiture. Il ne trouve
rien. Alors, surpris, j'apostrophe énergique-
ment M. Picard.

— Comment, Monsieur le Ministre ! vous ne
trouvez pas mon projet ? Vous me dites à l'instant qu'il est de la plus haute importance et
vous l'avez égaré !

Confus, M. Picard se contente de me répondre :

— Non, je ne l'ai pas égaré. Soyez tranquille ; je le retrouverai. J'ai dû le laisser chez
moi. Revenez demain ici et je vous le remet-
trai.

— Revenir demain, Monsieur le Ministre !
Mais cela est impossible. Demain peut-être ne
pourrai-je plus repartir.

... Toutes les lignes du chemin de fer sont cou-
pées, sauf celle de Paris-Montparnasse qui
est encore libre ; mais, libre aujourd'hui, demain le restera-t-elle ?

— Eh bien ! allez tout de même voir le général Schmitz et expliquez-lui votre projet de
vive voix.

— Expliquer de vive voix un projet rédigé à tête reposée, est-ce la même chose? Enfin, puisqu'il n'est pas possible de faire autrement, j'irai voir le général Schmitz quand même. Mais, Monsieur le Ministre, je vous en prie, dès que vous l'aurez retrouvé, veuillez le communiquer au général Trochu.

— Oui, oui, je vous le promets. J'ai confiance en vous. Vous me faites l'effet d'être bien pénétré de vos idées. Vous avez l'air très décidé. Vous saurez expliquer ce que vous voulez.

Je prends congé du ministre et me rends immédiatement à l'État-Major général du gouverneur de Paris, rue de Rivoli. Il est environ neuf heures du matin. Dans la pièce contiguë au cabinet du général, il y a une foule d'officiers de tous grades; plusieurs colonels et généraux attendent leur tour d'audience.

Peu après avoir reçu la lettre du ministre des Finances, le général Schmitz m'appelle auprès de lui.

M. Picard ne m'a pas lu la lettre d'introduction qu'il m'a remise; mais, à en juger par l'empressement que met le général à me recevoir, j'ai dû avoir été appuyé d'une façon toute spéciale. Si j'insiste là-dessus, c'est uniquement pour dire ce qu'a été M. Picard. Malgré le tort que me causait sa négligence, l'attitude du ministre me le rendait absolument sympathique. Je suis sorti de son ministère avec cette même idée que je m'étais faite de lui la veille ; c'est-à-dire que c'était un brave homme et un grand patriote. Il n'était pas de ceux qui, systématiquement, rejettent volontiers le concours d'hommes de bonne volonté, par cela seul qu'ils ne sont pas de nationalité française, ce qui semble vouloir dire :

« Périsse plutôt la France que de la voir sauvée avec le concours des étrangers. »

Est-ce bien là le vrai patriotisme ? N'est-il pas préférable d'accepter une aide, d'où qu'elle vienne, si cette aide peut mettre le pays hors de danger ?

Dans la guerre de France, il fallait largement accueillir les offres des Polonais, car, parmi ceux-ci, il y en avait plus d'un capable de servir utilement. La guerre que nous avons faite en 1863-1864 contre les Russes nous avait convenablement préparés à l'application du système de guerillas, seule manière de combatre que l'on devait mettre en pratique à partir du désastre de Sedan et surtout après la capitulation de Metz.

C'est dans cette disposition d'esprit et avec

cette conviction que je pénètre dans le cabinet du chef d'État-Major Général du Gouverneur de Paris.

En me recevant, le général Schmitz me dit :

— Le Ministre des Finances m'écrit en votre faveur et dans des termes si flatteurs que je suis tout disposé à vous être utile. Car, à ce qu'il paraît, vous avez un projet de guerre de la plus haute importance. Veuillez me le soumettre.

— Oui, mon général, j'ai un projet de guerre de partisans, la seule guerre aujourd'hui possible ; mais malheureusement M. Picard a égaré le travail que j'avais préparé à cet effet et je viens chez vous les mains vides.

— Bien dommage, répond le général Schmitz.

— M. Picard m'a laissé espérer qu'il le retrouverait et m'a dit de revenir demain. Mais on ne peut faire l'application de mon système qu'en province, hors d'une place forte, et je crains d'être bloqué à Paris si j'attendais jusqu'à demain.

— En effet, il y a grand danger à attendre jusqu'à demain. Aussi exposez-moi votre projet.

— Il consiste à faire déclarer toute la France en état de guerre nationale. Du moment que la

France est envahie, tout homme valide doit être appelé à défendre le sol.

. . J'ai été à Nancy ; j'arrive d'Epinal ; et je suis frappé de ce fait inouï, que vous laissez aux Allemands, entre l'Allemagne et Paris, la libre circulation sur vos voies ferrées, absolument comme s'ils étaient chez eux.

…Ils usent, chez vous, du chemin de fer et des lignes télégraphiques, aussi tranquillement que si nous ne nous trouvions pas en temps de guerre.

— Mais que voulez-vous, que l'on fasse ?

— Ah ! mon général ! Chez nous, en Pologne, quoique notre pays fût entièrement occupé par l'ennemi, chaque fois que nos chefs avaient décidé de livrer une bataille aux Russes, afin que ceux-ci ne pussent recevoir de renforts à temps, nous détruisions les chemins de fer à l'*heure fixée.*

… Faites-en autant !

… Nous coupions les lignes télégraphiques.

…Nous exécutions tout cela au milieu de difficultés bien plus considérables que celles dans lesquelles se débat aujourd'hui la France, et cependant nous le faisions *chaque fois* que c'était nécessaire.

Le général Schmitz paraît très surpris.

— Et vous croyez cela possible ? Vous feriez cela ?

— Oui, mon général, si vous m'en donnez les pouvoirs. Et mon action ne se bornera pas là. J'appliquerai en France le système de guerre de partisans que j'ai vu fonctionner en Pologne.

— En ce cas, je vous donnerai tous les pouvoirs que vous désirez.

En voyant les bonnes dispositions du général Schmitz, je suis ravi et convaincu qu'enfin je serai investi régulièrement de la confiance du gouvernement de la défense nationale.

Le projet en main, il est certain qu'on en serait passé à l'étude. Il avait déjà l'approbation, sans réserve, de M. E. Picard. Le général Schmitz l'aurait, sinon approuvé en son entier, du moins en grande partie ; c'était, du reste, aussi, l'avis de M. Varaigne.

J'indiquerai plus loin ce projet, car malheureusement M. de Landreville, pendant la campagne, en a perdu le brouillon, et l'original a été, une fois retrouvé par M. E. Picard, déposé au Ministre de la guerre.

Qu'est-il devenu ?

A-t-il été conservé aux archives du Ministère ?

Je me suis adressé au Ministre de la Guerre en 1872, le priant de vouloir bien faire exécuter des recherches ; voici ce qui m'a été répondu :

MINISTÈRE DE LA GUERRE
ÉTAT-MAJOR GÉNÉRAL

2ᵉ Bureau

Paris, le 13 janvier 1872.

Monsieur,

En réponse à votre lettre du 12 janvier, j'ai l'honneur de vous informer que la reconstruction des bâtiments du Dépôt de la Guerre a réduit considérablement les locaux dont on peut disposer, et, en ce moment, il devient tout à fait impossible de travailler dans les salles de la Bibliothèque. Je regrette de ne pouvoir vous donner l'autorisation que vous demandez.

Quant au projet soumis par vous au Ministre de la guerre en 1870, les recherches que j'avais ordonné de faire n'ont donné aucun résultat.

Agréez, Monsieur, l'assurance de ma considération distinguée.

Le colonel chef de service.

Signé : NUGUES.

Je reviens au général Schmitz.

Mon entrevue avec lui prend une bonne tournure, à tel point que je crois n'avoir plus rien à craindre.

3.

Lorsqu'il me répète qu'il me donnera tout ce que je demande, pour le convaincre davantage qu'il place bien sa confiance, je lui dis tout à coup :

— Vous ferez bien, mon Général, d'autant mieux que je connais M. Varaigne et que nous nous entendons sur les moyens d'agir...

Le général m'interrompt vivement :

— Comment ! vous connaissez M. Varaigne ?

— Oui ; et nous sommes d'accord sur bien des points...

— Oh ! alors vous n'avez plus besoin de rien.

Là-dessus il me prend la main et, m'amenant dans une autre pièce où se trouvait un colonel, probablement son chef de cabinet, il lui dit :

— Donnez une commission à M. Wolowski auprès de M. Varaigne. Mais notez surtout que M. Wolowski ne doit agir que d'après les instructions de M. Varaigne.

Puis, nous quittant brusquement, il me laisse avec ce colonel qui se met tout de suite à rédiger une commission ainsi conçue :

GOUVERNEMENT DE PARIS
ÉTAT-MAJOR GÉNÉRAL

M. Ladislas Wolowski est mis à la disposition de M. le capitaine Varaigne, chargé de l'organisation des bataillons mobiles dans les Vosges, M. Wolowski se rendra à Epinal auprès de M. le capitaine Varaigne. Il ne doit agir que d'après ses ordres et instructions.

Paris, le 17 septembre 1870.
Le Gouverneur de Paris,
P. O. le Général, chef d'état-major général,
Signé SCHMITZ.

J'étais abasourdi. J'avais trop parlé, croyant prouver que je n'étais pas le premier venu, que mes idées étaient partagées par un homme compétent, et je venais naïvement de fournir un prétexte, saisi au vol, d'évincer convenablement un homme qui avait l'audace indécente de vouloir sortir de la routine et d'avoir des vues personnelles.

La rédaction faite, ce colonel passe dans la chambre voisine pour la soumettre à la signature du général Schmitz. Revenu, il me remet le papier, et je sors du cabinet de l'Etat-major général avec un résultat bien peu conforme à mes espérances.

Certainement, si je n'avais pas laissé échapper que je connaissais M. Varaigne, je serais parti de chez le général Schmitz dans de toutes autres conditions. J'aurais peut-être, à force de conviction, de persuasion, de preuves, obtenu une mission au moins aussi importante que celle qu'avait reçue M. Varaigne.

Mais le sort a voulu que M. Picard égarât le projet que j'avais élaboré, le sort aussi m'a mis sur le chemin de M. Varaigne, de telle sorte que, au lieu d'être autorisé à agir d'après ma propre initiative, j'ai été subordonné à celui-ci.

Et cependant, qui était plus apte à exécuter une telle méthode de combat, de cet officier distingué de l'armée régulière, ne comprenant pas autre chose qu'une organisation régulière, ne voulant pas autre chose que former un nouveau corps d'armée, ou de moi, un irrégulier, un officier ayant déjà fait la guerre de guerillas, qui voulais appliquer tout un système que j'avais déjà vu fonctionner ?

Bien entendu, les personnalités sont totalement étrangères à tout ceci, ai-je besoin de le dire ? Il ne s'agit que de deux systèmes, deux façons d'entendre la défense dans des conditions pareilles.

La réponse que reçut M. E. Picard, à la date du 18 septembre, prouve que si la malechance a voulu qu'il oubliât d'apporter mon projet avec lui pour l'audience à laquelle il me convoquait, du moins il n'a pas négligé de le retrouver et de le communiquer (alors ! ! !) au ministre de la guerre.

Mais la réponse qu'il reçut si promptement ne m'est cependant parvenue qu'après la guerre et cela à cause de l'interruption de toute communication entre Paris et la province.

Voici cette réponse, sur laquelle je me réserve de revenir plus tard.

MINISTÈRE DE LA GUERRE
CABINET DU MINISTRE

Paris le 18 septembre 1870.

Monsieur,

J'ai mis sous les yeux du Ministre, avec la recommandation de M. le Ministre des finances, la lettre dans laquelle M. Ladislas Wolowski propose la formation, sous sa direction, de corps de partisans analogues à ceux qui ont pris part à la guerre de Pologne.

M. le général Le Flô considère comme absolument impraticable (1), dans notre pays, une organisation semblable à celle que propose M. Wolowski, et ne peut que vous prier de faire parvenir, à l'auteur de ce projet, ses remerciements pour les sympathies et le dévoue-

---

(1) Naturellement! Cela ne se faisait pas journellement!

ment dont il témoigne envers la France.
Recevez, Monsieur, l'assurance de mes sentiments les plus distingués,

Le lieutenant-colonel chef de cabinet,
comte de CLERMONT-TONNERRE.

A Monsieur le secrétaire particulier du
Ministre des Finances.

Cette lettre de M. le comte de Clermont-Tonnerre m'a été communiquée par cette autre,
de M. Pallain :

MINISTÈRE DES FINANCES

CABINET DU MINISTRE

Paris, le 19 septembre 1870.

Monsieur Wolowski,
J'ai l'honneur de vous transmettre la lettre
que le Ministre de la Guerre nous adresse, en
réponse à votre demande.

Le secrétaire-adjoint,
Signé : G. PALLAIN.

Et voilà ! C'est régulier.
Je n'y mets, certes, ni acrimonie, ni faux
amour-propre ; mais comme c'est encoura-
geant pour ceux qui n'ont que le désir de bien

faire, en donnant de tout cœur leur peau, par-dessus le marché! Cette force d'inertie ne doit pourtant arrêter personne, au contraire.

Les sceptiques objecteront qu'on peut toujours se faire tuer dans le rang. C'est évident, mais je voudrais bien savoir comment un fantassin de 2ᵉ classe s'y prendrait pour essayer de rendre un service général au pays? Une tête de plus ou moins trouée par une balle a peu d'importance pour le bien public.

On ne peut et l'on ne doit jamais essayer, à coup sûr, de refaire l'histoire et d'affirmer ce qu'un homme aurait pu faire dans l'accomplissement des destinées d'un pays. Cependant je crois encore aujourd'hui qu'on pouvait faire mieux que ce qu'on a fait. Et j'ai la conviction absolue et inébranlable que j'ai été dans le vrai. Le malheur a voulu que je n'aie pas reçu cette réponse du général Le Flô avant mon départ forcé de Paris, car alors j'eusse agi en conséquence pour le bien du pays, ayant l'opinion publique, sinon avec moi qu'on ne connaissait pas, du moins avec mon idée qui était dans toutes les têtes et dans les cœurs des hommes avisés, ainsi que le prouve surabondamment l'article, pris entre mille, du journal dont j'ai parlé plus haut.

Au surplus, comme on le verra par la suite,

j'ai soumis ce même projet à Gambetta, à Tours, le 31 octobre 1870, qui fit mieux que le général Le Flô, car le 3 novembre, il proclama son fameux décret, le plus énergique, celui qui se rapprochait le plus de ce qu'il fallait faire réellement.

Cette méthode de combat que je proposais, pouvait faire changer la face des choses, prolonger indéfiniment les hostilités, user, fatiguer les troupes allemandes, faciles en somme au découragement, d'autant plus qu'alors leur unité n'était pas encore faite. M. de Moltke lui-même, dans sa correspondance, aujourd'hui connue, ne cachait nullement ses appréhensions et son énervement contre la nouvelle phase de la guerre à outrance.

Sa plus grande surprise était de voir que malgré que l'armée de l'empire fût déjà écarté, de l'action militaire, il surgissait de partout des volontaires et des troupes auxiliaires qui, seuls, ont prolongé la défense, faisant subir des pertes considérables à l'ennemi.

Et c'était cependant loin de ce que je conseillais !

J'aurais désiré que l'on proclamât, et cela sur l'initiative du gouvernement, un soulèvement général. Que chaque ville, chaque commune, le moindre bourg, fût tenu de prendre les armes et, grâce à une entente du pays entier, d'opposer à l'ennemi envahissant le territoire un mur vivant qui, sitôt détruit, se reformerait, se renouvellerait plus loin. L'ennemi, harcelé, gêné dans ses moindres actions, réduit à une surveillance continuelle, fatigué, rompu, ne s'avancerait plus qu'avec peine et lenteur, et lorsque l'armée régulière qui se serait formée avec toute quiétude, aguerrie, fraîche, se jetterait sur lui, il serait dans un état d'infériorité évidente.

Que, de tous côtés, des bandes d'irréguliers formées dans le pays même où ceux-ci vivaient, connaissant les routes, les sentiers, jusqu'aux moindres détours, n'ignorant aucune des ressources que pouvait leur procurer leur lieu natal, eussent à tracasser l'envahisseur dans sa marche en avant, attaquer les convois, coupant toutes les lignes de communication et principalement les ponts, établissant ainsi des barrières presque infranchissables entre l'avant-garde de l'adversaire et les lieux d'où il tirait ses ravitaillements, détruisant même tout ce qui pourrait être de quelque utilité, attaquant les patrouilles, organisant des embuscades faciles à établir en un pays connu dans tous les recoins.

Au surplus, voici les grandes lignes de mon

projet d'organisation dans les départements du théâtre de la guerre :

Art. 1ᵉʳ. — Proclamer la guerre nationale dans toute la France.

Dans un pays envahi par l'ennemi, tout le monde doit être employé à la défense de la patrie, au moyen de la guerre de guerillas d'abord et ensuite par la guerre de troupes plus compactes.

Art. 2. — Le chef militaire doit avoir le droit, en certains cas, de vie et de mort. Une cour martiale jugera les coupables d'infraction aux lois militaires.

Art. 3. — Les préfets et les maires sont soumis à l'autorité militaire. Les chefs de guerillas ne dépendent que du ministre de la guerre (1).

Art. 4. — Les maires de villes et de villages doivent veiller à la sécurité des troupes régulières ou corps-francs, prévenant toujours les troupes de l'approche de l'ennemi. De cette façon, les troupes ne peuvent être jamais surprises.

Art. 5. — De 19 à 50 ans, le hommes sont appelés au service actif.

Art. 6. — Les jeunes gens de 16 à 19 ans et

____

(1) Il faut nous reporter au désarroi du commandement en 1870-71.

les hommes de 50 à 65 ans seront employés pour le service de garde ou tout autre service sédentaire.

Art. 7. Les commandants des troupes ont droit de réquisition en délivrant des bons d'après l'estimation à l'amiable. Lesdits bons doivent être payés tout de suite chaque fois que cela sera possible.

Ce projet peut paraître excessif, cependant c'était la seule chose vraie, et, en tout cas, M. Ernest Picard l'a trouvé de la plus haute importance et lui a prêté tout son appui. Du reste on se souvient bien du colonel Dupin, organisateur des *contre-guerillas* au Mexique; il n'avait qu'un tort, c'était d'appliquer ce système impitoyable à des gens qui défendaient leur indépendance. Tandis qu'en France, on pouvait et on devait l'appliquer avec plus de vigueur, plus de décision encore, contre l'envahisseur.

Qu'aurait dit M. le général Schmitz si j'avais pu lui soumettre ce projet écrit ?

Sans m'avoir donné satisfaction sur tous les points, je crois, cependant, qu'il aurait tout de même « manœuvré » autrement. Malheureusement les paroles entrent par une oreille et sortent par l'autre.

Il ne me convient pas de parler à présent de

ce que j'aurais fait si on m'avait donné la possibilité de mettre en pratique ma proposition, mais il est de mon devoir de dire que c'est la chose la plus urgente qu'il y avait à faire et que c'est la chose qu'il faudra faire en cas de nouvelle invasion.

*
* *

En sortant de l'Etat-major général du gouverneur de Paris, je rencontre M. Hément, rédacteur du *Rappel*. Je lui raconte brièvement dans quelles conditions je me rends à Epinal, il me prie de lui envoyer, autant que la chose sera possible, quelques renseignements sur les évènements de province.

Je me rends ensuite chez M. le Dr Landowski où m'attendait M. de Landreville, et tous trois nous nous dirigeons vers la gare Montparnasse ; je prie M. le docteur de rappeler au général Kruk que nous le recevrons à bras ouverts.

Lorsque nous arrivons à Meaux, et avant de quitter cette station, on félicite tous les voyageurs, leur annonçant que la ligne est coupée, et que notre train est le dernier qui sera sorti de Paris. C'était le 17 septembre.

Enfin nous voici en route vers l'Est, où, la

veille, sont partis M. Varaigne et les autres officiers.

Avant d'arriver à Epinal, nous rencontrons, à Tours, autant que je me souviens, M. Bourras, capitaine du génie, MM. Godard et Pistor. A partir de ce moment nous ne nous quittons plus jusqu'à la fin de la guerre.

M. Bourras, sachant que M. Varaigne m'a promis, encore à Paris, le commandement du premier bataillon que nous devions organiser à Epinal, fait le premier pas vers moi et me parle beaucoup de mes projets de guerre. Visiblement satisfait de ma manière de traiter les questions de guerillas, il finit par me tenir le langage suivant :

— Ah ! si c'était moi qui avais les pouvoirs qu'a M. Varaigne, je vous assure que je vous laisserais exécuter toutes vos idées, que j'approuve sans réserve.

Cette approbation, venant d'un homme aussi énergique qu'était le capitaine Bourras, me dispose très bien à son égard, de telle sorte que je lui dis :

— Eh bien, capitaine, puisque vous me montrez autant de confiance, et puisque vous approuvez mes projets à ce point, permettez-moi de vous faire la proposition suivante : Vous savez que M. Varaigne m'a promis le commandement du premier bataillon à organiser, — faisons mieux, je vous propose de prendre ce commandement et je m'associerai à vous complètement. Vous serez en nom, moi je serai après vous, je vous soutiendrai.

M. Bourras, après réflexion et sur mon insistance sans arrière-pensée, accepte vite ma proposition et, dès que nous sommes arrivés à Epinal, nous déclarons à M. Varaigne que je renonçais au commandement en faveur du capitaine Bourras.

Ainsi fut fait.

Cette détermination bien franche, bien spontanée, s'explique facilement.

Je n'avais pu faire prévaloir ma pensée, je ne pouvais faire le soulèvement patriotique rêvé. Que m'importait dès lors le poste qui me serait assigné dans la lutte ? L'appât du galon ayant toujours été le moindre de mes soucis, je vois un officier du génie, capable, très apte à commander un petit corps de troupes. Je lui cède la place, sans hésiter, ayant pleine confiance en lui. Rien que de naturel. J'avais vu autre chose, de plus vaste. Voilà tout.

Bourras me promit d'exécuter strictement, et autant que possible, mes idées. Ce en quoi, du reste, il m'a tenu parole. Nous avons donc à *nous deux* appliqué *en petit* ce que je projetais en grand. Ainsi notre corps franc des Vosges s'est distingué d'une façon exception · nelle et nous avons fait aux Prussiens beaucoup de mal. Chose absolument et dûment constatée désormais.

A ce propos, je tiens à réfuter d'avance les objections qui peuvent venir de deux côtés différents : d'abord des officiers de l'armée régulière qui, très consciencieusement, ne croient praticables que que les us et coutumes de l'armée régulière et sont ennemis acharnés de tout ce qui sort de leurs habitudes. Ensuite des belligérents en chambre qui ne savent rien des choses de la guerre et sourient au seul nom de corps francs et de soldats volontaires.

Je serai très bref.

Les masses compactes de troupes perdent inévitablement un nombre considérable d'hommes à chaque rencontre ; il en est tout différemment de nuées de francs-tireurs par exemple, qui, disséminés, éparpillés, harcelant continuellement l'ennemi, prolongent la lutte sans exposer le pays à des catastrophes qui découragent toute une nation, lorsque, comme en 1870, elle se voit faire d'un coup tant de prisonniers à la fois.

Cette façon d'agir a aussi l'avantage de développer l'initiative individuelle des chefs, ce qui ne se rencontre pas dans l'armée régulière, attendu que, du premier grade au dernier, chacun est astreint et habitué à obéir passivement et à attendre les ordres supérieurs, qui n'arrivent quelquefois pas du tout ou trop tard. C'est à tel point — et je l'ai constaté pendant la guerre — qu'un général abandonné brusquement à lui-même est complètement dérouté.

Cela ne veut pas dire qu'il faut se livrer à l'anarchie militaire, loin de là. Il faut propager l'étude de la guerre de guerillas, déjà en temps de paix. Le concours des irréguliers doit être utilisé par les réguliers suivant un plan arrêté selon les événements et le degré de l'invasion de l'ennemi.

Maintenant s'il y a eu des excès, de quelques rares compagnies, chose que l'on rencontre de tout temps et dans tous les pays, par contre le plus grand nombre des francs-tireurs a été bien discipliné et s'est admirablement conduit. Tel était le *Corps-franc des Vosges* et bien d'autres que j'ai vus à l'œuvre.

Du reste, M. le capitaine J.-B. Dumas, de l'infanterie, breveté d'Etat-major, dans son livre : *La guerre sur les communications allemandes en 1870*, dit dans sa préface absolument la même chose que moi, aussi je tiens à la donner textuellement :

PRÉFACE

« Les opérations entreprises, en 1870, contre
« les communications des armées allemandes,
« sur le théâtre de la guerre du sud-est, n'ont
« encore été l'objet d'aucune étude militaire
« complète.

« Des efforts courageux, de beaux dévoue-
« ments y ont cependant produit des résultats
« considérables. Recueillons d'ailleurs le té-
« moignage frappant, l'aveu même de nos ad-
« versaires.

« Un soir, dans un salon officiel, à Berlin, des
« officiers allemands raillaient avec affectation
« les moyens improvisés en France pour la ré-
« sistance suprême, après l'effondrement de
« nos armées régulières.

« Le vieux maréchal de Moltke était là, si-
« lencieux, le dos appuyé à la cheminée et re-
« gardant le tapis. Tout à coup, hochant la
« tête, il dit doucement, dans le grand silence
« qui se faisait toujours lorsqu'il prenait la
« parole :

« — Oui, Messieurs ; tout ce que vous vou-
« drez !

« ...Mais, souvenez-vous qu'après Sedan et

« après Metz, nous croyions la guerre finie et la
« France abattue, et que pendant cinq mois,
« ces armées improvisées ont tenu les nôtres
« en échec. Nous avons mis cinq mois à battre
« des conscrits et des mobiles. C'étaient des
« foules plutôt que des régiments, j'en conviens
« avec vous ; mais ces cohues nous tenaient
« tête. Vous pouvez oublier ces choses, vous
« qui n'avez eu que le contentement de la vic-
« toire ; mais je ne l'oublie pas, je vous l'avoue,
« et je n'en souris pas, car j'ai eu le tracas et
« le grand souci de cette résistance inattendue.

« ... Enfin, Messieurs, conclut textuellement le
« maréchal, cette lutte nous a tellement éton-
« nés au point de vue militaire qu'il nous fau-
« dra étudier cette question durant de longues
« années de paix.

« L'organisation poursuivie dans la région
« de l'Est notamment par tous les éléments
« valides de l'ancienne armée, a été la cause
« des préoccupations constantes et manifestes
« du grand Etat major prussien. Celles-ci se
« sont traduites par des mesures d'ordre posi-
« tif. 63,000 Allemands d'abord, puis une armée
« entière de 146,000 hommes ont été détournés
« des autres théâtres de la guerre, employés à
« la garde exclusive des communications, immo-
« bilisés par nos essais d'offensive pendant ces

« trois campagnes, considérées cependant
« comme secondaires.

« J'ai pensé qu'il y avait dans ces faits un
« motif de consolation après nos désastres, une
« cause puissante de *confiance* dans l'issue
« d'une lutte à prévoir, un gain inappréciable
« enfin pour notre *moral*.

« Sans organisation, sans cadres, sans armes,
« nous avons résisté, nous nous sommes main-
« tenus (1).

« Quels doivent donc être notre espoir et
« notre confiance aujourd'hui que nous som-
« mes organisés, aujourd'hui qu'on a préparé
« la guerre ?»

Ainsi que je l'ai déjà dit, je ne veux revenir
en détail pas plus sur les combats livrés par les
Francs-Tireurs des Vosges, dont il a si souvent
été question ailleurs, entre autres dans mon
volume « *Le colonel Bourras et le corps-franc
des Vosges* » (Chamuel, éditeur, 1892) que sur
la campagne tout entière. Mon objectif, très
simple, est de citer quelques épisodes, quelques
faits isolés, au hasard de mes souvenirs, et à

____

(1) J'avais donc raison lorsque je proposais au gouvernement, par l'intermédiaire de M. Ernest Picard, de
faire accepter mon système de guérillas. Le général Le
Flô dit qu'il était absolument impraticable quand, au
contraire, tout prouve aujourd'hui que c'était peut-être
le salut. Pourquoi paralyse-t-on ainsi les bonnes volontés ?

l'appui de ce que j'avance ici, dans mon inébranlable conviction.

Dès notre arrivée à Epinal, le 20 septembre,
nous nous occupons de l'organisation de notre
bataillon, sous l'énergique impulsion de
M. Émile George, préfet des Vosges, qui, en
l'espace de six jours, du 22 au 27, nous fournit)
l'équipement et l'armement (fusils à tabatière
nécessaires. A mesure que les compagnies
étaient formées, on les envoyait occuper différents cols des Vosges. Il y en avait déjà quel-
ques-unes de formées, éparses, que Bourras
ralliait sous son commandement (celles par
exemple, de la Haute-Saône, capitaine de Perpigna ; du Jura, capitaine Cler ; Pyrénées-Orien-
tales, capitaine Olszewski.)

M. Varaigne lui avait cédé tout ce soin, et
était nommé chef d'état-major du 20ᵉ corps
d'armée, fonctions qu'il conserva jusqu'à la fin
de la guerre.

Bizarrerie des choses ! Sur deux hommes
ayant chacun un projet d'organisation et de
défense, l'un obtient gain de cause mais passe
aussitôt la main à un tiers ; l'autre, malgré en-
couragements, bonnes paroles, compliments,
n'a pas avancé d'une ligne... mais ne perd pas
courage, organise la cavalerie quand même.

Nous devions avoir, et nous avons eu depuis,

18 compagnies. Seulement, aux premières hostilités, il n'y en avait que 6 ou 7 de formées (et comment!) Les autres possédaient un numéro pour l'avenir. Et c'est tout. C'est ce qui a dû, évidemment, tromper nombre d'historiographes ignorant cette particularité et qui, se basant sur les chiffres, entendant parler de la 16e compagnie, constituée, étaient amenés à croire que les 15 autres existaient alors.

Il ne m'appartient pas d'expliquer cette anomalie.

Ainsi, par exemple, certains écrivains militaires, s'appuyant, certainement, en partie sur ce fait, reprochent à nos francs-tireurs de n'avoir pas voulu marcher le jour de la bataille de la Bourgonce-Nompatelize.

C'est une erreur complète, en ce sens que si le corps n'a pas participé à l'action proprement dite, c'est que, averti trop tard, il n'est arrivé, malgré toute sa hâte, que dans l'après-midi pour voir une débandade navrante de soldats de toutes armes, fuyant éperdus quoi qu'ils ne fussent nullement poursuivis.

Bourras, qui n'avait pas encore définitivement accepté le commandement ni reçu sa nomination officielle (1), ne voulait pas non plus

---

(1) Il ne l'a reçue que le 11 octobre après le combat de Brouvelieures.

engager trop à fond des recrues qu'il ne connaissait pas, qui n'avaient, pour la plus grande partie, jamais été au feu, qu'il ne tenait pas en main, surtout alors que son concours ne pouvait rien changer à l'affaire, et risquer une catastrophe. Il fit son devoir cependant, et bien son devoir, en couvrant la retraite. C'était, à ce moment de la journée, le seul et très grand service qu'il pouvait rendre.

Ceci dit, je reprends à grands traits mon récit.

Le 30 septembre, ayant l'ordre d'occuper Charmes, (Vosges), de concert avec la 6ᵉ compagnie, je trouve la population de bonne volonté, mais la garde nationale organisée en dépit du bon sens. Ils voulaient bien se promener, armés, en uniforme, mais pas du tout se battre, ne se considérant pas comme belligérants ! Voulant les mettre au pas, j'en réfère à Bourras, qui me télégraphie de ne rien faire à ce sujet avant une ordre ultérieur, que j'attends encore. Et voilà pourtant des gens dont on aurait pu se servir ! Et s'il n'y avait eu que ceux-là encore ! Enfin !

A Bayon, il y avait une soixantaine de chassepots abandonnés dans la déroute après Frœschwiller. Je vais les chercher. C'est une excellente aubaine pour mes hommes.

Depuis plusieurs semaines des gendarmes prussiens, 2 à Flavigny, 6 à Vézelise, terrorisaient les habitants, à ce que j'apprends le lendemain.

Si je relate ce fait, d'une médiocre importance, c'est pour démontrer qu'une surprise a du bon. Celle-ci n'est rien, certes, mais tout dépend du nombre d'hommes à attaquer et de ceux à employer dans ce but. Le fond est toujours le même.

J'envoie le soir un très faible détachement (6 hommes) à Flavigny, et, avec une poignée de francs-tireurs, je me dirige sur Vézelise. Pour aller plus vite, j'avais requis le maire de me fournir des voitures et ce n'est qu'en montrant les dents que je les avais obtenues.

Nous arrivons à 3 heures du matin. Un habitant, tout endormi, nous mène aux trois maisons — que je fais cerner — occupées par les allemands. Je monte dans l'une d'elles avec deux hommes, après une foule de difficultés avec le propriétaire. Au bruit, les gendarmes, qui dormaient, se lèvent, se défendent comme de beaux diables, tirent par les fenêtres et finissent par se rendre.

Nous les ramenons avec leurs chevaux, et leurs armes (j'ai gardé tout le temps de la guerre un de leurs sabres). Il n'y en avait qu'un de blessé, à la cheville.

Le détachement de Flavigny, de son côté, revenait avec deux chevaux mais un seul prussien. La résistance de l'autre avait contraint à le tuer.

Un détail assez drôle : parmi les papiers saisis il y avait une lettre, non encore expédiée, d'un des gendarmes à sa famile, où il arrangeait de la belle façon ces « cochons de francs-tireurs ».

C'est M. Pistor qui a trouvé ce compliment.

Quoique ayant été invité à envoyer en arrière, avec les prisonniers — les chevaux (sauf indemnité), j'en offris un à Bourras, qui n'en avait pas, en gardai un pour moi, et me servis des six autres pour monter autant d'hommes de ma compagnie. Ce furent mes premiers et très utiles éclaireurs.

C'était le début de la formation de la cavalerie du corps, qui devait bientôt s'augmenter, à Besançon, d'un peloton de trente hommes, et plus tard, sur un décret de Gambetta, avoir un effectif de cent vingt.

De retour à Charmes, je suis avisé, par trois exprès, quelques heures après, que 170 Prussiens viennent d'arriver à Vézelise, ont pris des ôtages et menacent de tout brûler. On me demande de venir en aide.

Mes hommes sont prêts. Je télégraphie à Bourras ce qui se passe et l'informe que, s'il ne peut m'envoyer de renforts, je marcherai tout seul.

Il me répond de prendre des renseignements exacts, qu'il va venir, d'envoyer un guide à sa rencontre dès qu'il m'aura adressé une nouvelle dépêche, qui arrive bientôt et m'annonce sa venue avec deux cents francs-tireurs pour une action immédiate.

Ce n'est pas 200 qu'il amène dans la nuit, mais 400.

On se met en route. Tout à coup, se défiant toujours de ses jeunes soldats, il me demande si l'on ne pourrait pas retarder l'opération. Je lui réponds que je n'ai pas changé d'avis et que je ne peux moralement pas, pour ma part, abandonner les habitants de Vézelize.

Tout en partageant mon opinion, il persiste dans ses doutes, et, enfin, d'un commun accord, nous nous en rapportons à un conseil de capitaines, tenu là, sur le chemin.

L'avis est qu'il vaut mieux attendre au lendemain, après avoir envoyé un homme sûr aux informations. Le capitaine Dautel se propose pour cette mission.

Et l'on fait demi-tour !

Une belle occasion manquée, par excès de prudence.

Ne pas oublier qu'il y avait cent soixante-dix Allemands d'une part ; de l'autre les quatre cents hommes récemment amenés, plus mes deux compagnies !

Je ne récrimine pas. Je constate, pour que cela serve de leçon à l'avenir, et que l'on ne tombe plus dans ces tergiversations, ces hésitations, ces allées et venues, qui finissent toujours mal, régulièrement.

Le lendemain 4, nous avions l'ordre de rejoindre à Epinal. Quand M. Dautel nous y retrouve, il me donne pleinement raison : les Allemands auraient été infailliblement tous pris jusqu'au dernier.

Trop tard !

Le 5, j'attendais à la gare la formation d'un train qui devait nous emmener à la Bourgonce.

Je suis appelé par M. Varaigne, installé dans un compartiment avec le général Dupré, à qui il me présente.

Celui-ci me complimente sur le coup de main de Vézelise. Là-dessus je lui dis que je me fais fort de m'emparer du baron von Bonnin, gouverneur bavarois à Nancy, et lui explique comment.

Il rit et me répond que, si je fais cela, il me paiera une bonne bouteille de champagne. Voilà tout ! Et il part.

S'il m'avait donné les moyens d'exécuter mon plan, — très facile, cela eût bien mieux valu que cette plaisanterie.

En effet, le baron, sûr de ne pas être inquiété, faisait très tranquillement, comme à Munich, de continuelles promenades en voiture, avec une très faible escorte, pour visiter les abords de Toul.

Le guetter, l'enlever, n'était qu'un jeu.

Ah bien! oui! cela sortait trop, probablement, des us et coutumes réguliers.

Je n'avais même pas l'ordre, l'autorisation d'agir!

Je laissai le projet de côté, en enrageant, mais n'ayant pas le droit d'être plus royaliste que le roi.

Le 13, après de fréquentes rencontres (la Burgonce, Brouvelieures etc.), l'armée bat en retraite.

Dans le trajet de Rupt à Corravillers, le général en chef Cambriels me fait appeler. J'accours, traversant les troupes en marche. Le général et M. Varaigne étaient en voiture, tous deux la tête enveloppée de linges. Le premier souffrait d'une blessure reçue à Sedan, et qui s'était rouverte ; le second en avait reçu une à la Bourgonce (en même temps que M. Pistor avait eu la cuisse traversée par une balle). Sur leur invitation, je monte auprès d'eux ; le général me félicite d'avoir été cité à l'ordre du jour de l'armée pour le combat de Brouvelieures, et ajoute qu'il a un « grand coup à me faire faire »: « On a laissé à Remiremont beaucoup de bagages et de munitions. Tout cela est dans des wagons, mais, la ligne étant coupée, on n'a pu l'emmener. Il s'agit de tenter de le sauver. C'est Varaigne qui m'a parlé de vous pour cette expédition. » Il me dit de me servir, pour me faire escorter, de mes chevaux allemands, mais, sur mon objection qu'ils sont très fatigués, il m'adjoint deux des chasseurs qui se trouvaient près de la voiture et leur donne l'ordre de m'obéir en tout.

Deux hommes pour une pareille mission ! C'était maigre.

En revenant sur mes pas, je mets Bourras au courant. Il se montre très satisfait et me souhaite bonne chance.

Me voilà parti avec mes *deux chasseurs* dont j'aurai l'occasion de reparler avec plaisir.

A mi-chemin, je rencontre le commandant

du génie Lichtenberg, avec lequel j'avais déjà eu affaire pour le service, et qui était en train de couper les communications. Je prends sur moi de lui faire suspendre son travail, lui expliquant le but de ma mission et la nécessité de me laisser un passage libre pour mon retour avec le convoi. Il se conforme naturellement à mes explications, et je repars.

J'arrive à Remiremont d'un trait, vers neuf heures du matin. En vue de la ville, j'arrête une voiture qui en sortait, remplie de voyageurs, dont deux dames. Je fais descendre tout le monde, et sans m'arrêter à leurs objections et supplications, je réquisitionne le véhicule et le fais partir à la gare sous la conduite d'un de mes hommes, avec ordre de commencer immédiatement le chargement des munitions. Je me rends avec l'autre chasseur, sans tarder, chez le sous-préfet ; je lui expose ma mission et lui demande un mandat régulier pour réquisitionner des voitures partout où j'en trouverai. Ce qu'il fait tout de suite. A la vue de nos trois uniformes français, la stupéfaction était à son comble chez les habitants. La veille, ils avaient été consternés de voir l'armée battre en retraite, s'attendant à chaque minute à l'entrée de l'envahisseur, et voilà que, brusquement, un capitaine et deux

chasseurs surgissaient, allant, venant, tranquillement par les rues.

Des groupes se forment autour de moi
partout où je passe. A un coin de rue, je tombe
en arrêt devant deux grandes charrettes non
attelées. Devant cette aubaine inespérée, je
n'hésite pas une seconde. A défaut de chevaux,
entouré d'une masse de gens ébahis, je leur
demande de se prêter au transport des voitures jusqu'à la station. Et voilà ces braves citadins, la plupart en chapeaux haut de forme,
s'attelant et traînant. Je leur recommande de
charger à la hâte, et je me remets à la recherche d'autres voitures et chevaux.

Devant mon attitude et l'exemple qui venait
d'être donné, plusieurs personnes m'indiquent
les endroits où il y a des chevaux. Et je par-
viens ainsi à réunir plus de trente voitures de
toute grandeur avec leur attelage. On voit
donc par ce fait même que la population de
toute la France aurait bien concouru à la
défense nationale, si on avait su l'entraîner,
comme je le fis à Remiremont. L'exemple du
dévouement et du devoir accompli est un sti-
mulant. Mais il faut pour cela que cet exemple
soit donné souvent, et surtout venant d'en
haut.

Je suis absolument persuadé que les personnes qui se sont empressées à traîner les deux charrettes, de la ville à la gare, ont souvent parlé de ce fait, d'après elles extraordinaire, et ont tiré une certaine vanité de leur exploit, l'unique fait d'armes à leur avoir patriotique, pendant que la patrie était en danger.

J'ai vu à Nancy les patriotes réclamant des armes pour aller sus à l'ennemi ; on n'a pas voulu ni su utiliser leurs bonnes dispositions. De même, ce qui m'est arrivé à Remiremont me prouve que tout Français serait bon et ardent défenseur de la patrie si on savait l'entraîner, si on savait le conduire. La « furia » française est connue.

Depuis dix heures du matin, ces braves gens m'aidèrent au transbordement des bagages. Et cependant ils savaient que les Prussiens étaient attendus d'un moment à l'autre ; rien ne leur fit, ils travaillaient pour l'armée, ils étaient heureux de l'occasion qui leur était offerte de concourir à cette guerre dont on les tenait éloignés ! Et pourquoi ?

Je vais plus loin. J'ai la conviction intime que si j'avais eu sous la main des armes à leur distribuer pendant qu'ils étaient entraînés, échauffés, on aurait réédité à Remiremont la défense de Châteaudun.

Donc, on s'occupait activement du transbordement pendant qu'avec mes deux chasseurs, réunis maintenant, je cherchais d'autres charrettes, quand, vers deux heures, une panique subite se produit : des habitants couraient vers la gare en criant : «les Prussiens! les Prussiens !» Nous montons à cheval ; je dis aux gens qui m'entourent de se tranquilliser, que je vais en reconnaissance voir si l'alerte est justifiée, et nous partons au grand trot au-devant de l'ennemi signalé.

Tout en avançant rapidement, je me demandais pourquoi, au lieu de deux hommes d'escorte, on ne m'en avait pas donné une vingtaine. L'opération dont on me confiait la charge était assez importante, il me semble. Ils m'auraient beaucoup servi et, de plus, j'aurais pu placer des vedettes pour éviter toute surprise et épargner à la ville cette affolement, toujours démoralisant.

A quelque distance je rencontre sur la route une voiture qui venait dans notre direction. Je questionne son propriétaire qui m'affirme n'avoir pas vu du tout d'Allemands. Là-dessus je l'expédie à la gare sous la conduite d'un de mes chasseurs pour aider au travail.

Cinq kilomètres plus loin, à peu près, le même fait se reproduit. Cette fois le paysan que j'aborde me répond qu'il a vu des Prussiens, mais bien en arrière, du côté d'Epinal, qu'ils sont arrêtés et ne font nullement mine de vouloir avancer ce jour-là. Je le ramène alors également, avec sa charrette, rejoindre les travailleurs qui, revenus de leur émotion, se remettent à l'ouvrage de plus belle.

Il était environ trois heures quand arrive une compagnie de francs-tireurs du Rhône, commandée par le capitaine Lhote, qui me dit avoir escarmouché dans la matinée avec l'ennemi. Je le prie, après lui avoir exposé ma mission, de me prêter son aide, ce à quoi il consent de fort bonne grâce.

A la nuit, jugeant imprudent de m'attarder davantage, j'emmène mon convoi que je fais naturellement entourer par les francs-tireurs. Je ne laisse que quelques couvertures et quelques gargousses, priant le chef de gare de distribuer les premières et dè noyer les secondes pour qu'elles ne tombent pas dans les mains allemandes.

Le lendemain, à quatre heures de l'après-midi, nous rejoignions à Lure l'arrière-garde de l'armée, formée par le corps-franc des Vosges. Là, les francs-tireurs du Rhône refusèrent d'abandonner la conduite des voitures, s'arrogeant tout le mérite de l'opération parce qu'ils avaient servi d'escorte et donné un coup de main, vers la fin de la journée, aux habitants. Pour éviter un conflit, il fallut céder. Mais quand j'eus rejoint le général Cambriels, quelques instants après, pour lui rendre compte de la réussite de l'opération, il me félicita chaudement et, séance tenante, licencia cette compagnie de francs-tireurs, dont les hommes furent versés dans d'autres corps.

Il m'invita à déjeuner.

Je me souviens de ce fait que la table était en longueur : à droite et à gauche se trouvaient les généraux et autres officiers supérieurs. A l'extrémité, en travers, était la place d'honneur, occupée par le général en chef. C'est là, à côté de lui, qu'il me fit asseoir.

C'est peu de chose, certes, mais je reconnais que cela m'a fait plaisir.

Auparavant, en lui rendant compte de ma mission, je lui avais dit, au courant de la conversation, que cette retraite précipitée (puisque j'avais eu, relativement longtemps après le départ de l'armée, tout le loisir de revenir en arrière, d'organiser et d'effectuer l'enlèvement d'un matériel considérable) devait cacher un piège et un retour subit sur un point faible de l'ennemi.

Ceci peut paraître ou naïf ou audacieux. Ce n'était ni l'un ni l'autre.

Très vivement, il m'avait répondu.

— C'est exactement cela! Vous avez parfaitement deviné!

C'est là, pendant le repas, que, le voyant si bien disposé à mon égard, je lui demandai l'autorisation de prendre, à la remonte de Besançon, trente chevaux de selle tout équipés, et de garder les deux chasseurs.

J'eus satisfaction complète. (1)

* *

Les francs-tireurs n'étaient donc pas si maladroits, puisque que c'est à l'un d'eux que, sur un effectif de vingt mille hommes, on confiait une tâche de ce genre.

Et pour prouver qu'ils étaient loin de rester

---

(1) CORPS FRANCS DES VOSGES

« Le capitaine Wolowski est délégué par le comman-
« dant pour recevoir et équiper trente chevaux de selle
« mis à la disposition du bataillon du corps franc des
« Vosges, par M. le Général de division.

« Il est autorisé à faire les commandes nécessaires
« pour harnacher les chevaux, et les bons délivrés par
« M. le capitaine Wolowski seront remboursés par les
« soins du payeur de l'armée.

« Le capitaine Wolowski devra rejoindre le corps-
« franc aussitôt sa mission terminée.

« Besançon, le 19 octobre 1870

« Signé : *Le Commandant,*
« A. BOURRAS ».

inactifs, je ne crois pas oiseux de relater ici l'itinéraire suivi jour par jour par ma compagnie (la 2°). Cela donnera une juste idée de ce que faisaient les autres et prouvera non seulement ce qu'on a pu faire avec une organisation aussi rapide, aussi peu parfaite, mais aussi — et c'est ce que j'ai le plus à cœur de démontrer — ce qu'on peut faire à l'avenir en ne se laissant pas prendre au dépourvu.

Itinéraire journalier de la 2° Compagnie du Corps-franc des Vosges 1870-1871. MM. Wolowski, capitaine, de Landreville, lieutenant, Boulay, sous-lieutenant.

Organisé la Compagnie et instruit sommairement, du 20 au 28 septembre 1870 (95 hommes).

Le 29 septembre, partis pour Charmes avec 65 hommes.

Le 1er octobre enlèvement de 6 gendarmes à Vézelize par le capitaine Wolowski et le lieutenant de Landreville, et de 2 gendarmes à Flavigny.

Le 3 octobre, à Charmes.

Le 4 octobre, 	id.

Le 5 octobre, à Epinal.

Le 6 octobre, 	id.

Le 7 octobre, à la Bourgonce, en contact avec l'ennemi.

Le 8 octobre, aux Rouges-Eaux et au Haut-Jacques, en contact avec l'ennemi.

Le 9 octobre, aux Rouges-Eaux, en contact avec l'ennemi.

Le 10 octobre, à Brouvelieures, en contact avec l'ennemi.

Le 11 octobre, à Brouvelieures, Combat de Brouvelieures.

Le 12 octobre à Tendon, en contact avec l'ennemi.

Le 13 octobre, à Remiremont à l'arrière-garde de l'armée, en contact avec l'ennemi.

Le 14 octobre, à Rupt. Mission du capitaine Wolowski à Remiremont, en contact avec l'ennemi.

Le 15 octobre, en marche sur Besançon, en contact avec l'ennemi.

Le 16 octobre, arrêt à Lure, en contact avec l'ennemi.

Le 17 octobre, à Lure, en contact avec l'ennemi.

Le 18 octobre, à Esprès, en contact avec l'ennemi.

Le 19 octobre, à Potiaux et Marchaux. Organisation du 1er peloton des éclaireurs à cheval, en contact avec l'ennemi.

Le 20 octobre, à Merry, Vieilly et Chatillon-le-Duc. En contact avec l'ennemi.

Le 21 octobre, à Besançon.

Le 23 octobre, à Champagney.

Le 24 octobre, à Serres et à Frânois. Toujours en contact avec l'ennemi.

Le 25 octobre à Mazerolles. En contact avec l'ennemi.

Le 26 octobre, à Mazerolles. En contact avec l'ennemi.

Le 27 octobre, à Pin-l'Emagny. En contact avec l'ennemi.

Le 28 octobre. Mission du capitaine Wolowski à Tours.

Le 29 octobre, à Choie.

Le 30 octobre,   id.

Le 31 octobre à Battrans(Combat de Battrans).

Le 1er novembre, à Besançon.

Le 2 novembre,   id.

Le 3 novembre,   id.   M. Boulay nommé capitaine de la Compagnie.

Le 4 novembre, à Besançon. Toujours en contact avec l'ennemi.

Le 5 novembre, à Danemarie.

Le 6 novembre à Chazoy. Capitaine Wolowski organise un escadron des éclaireurs à cheval par ordre de Gambetta.

Le 7 novembre, à Chenevrey.

Le 8 novembre, à Saint-Vit.

Le 9 novembre, à Dampierre.

Le 10 novembre, à Parecy,

Le 11 novembre, à Goux.

Le 12 novembre,   id.

Le 13 novembre à Parecy et à Dôle. Toujours en contact avec l'ennemi.

Le 14 novembre, au Temple.

Le 15 novembre, à Dôle.

Ce 16 novembre, à Seurre.

Le 17 novembre à Seurre. Toujours en contact avec l'ennemi.

Le 18 novembre, à Saint-Jean de Losne, rétabli le pont de Saint-Jean de Losne.

Le 19 novembre, à Saint-Jean de Losne.

Le 20 novembre,   id.   id.

Le 21 novembre. à Seurre et Corberon.

Le 22 novembre, à Villers-la-Faye.

Le 23 novembre, à Corbois, Concœur, Vougeot et Segrain. Combat de Vougeot.

Le 24 novembre, à Magny.

Le 25 au 26 novembre, à Magny.

Le 26 novembre, à Concœur.

Le 27 novembre, à Curley, Charbœuf et Flavignerot.

Le 28 novembre à Menanges.

Le 29 novembre à Chaux. Combat de Nuits.

Le 1er décembre à Bouze.

Le 2 décembre à Bouze.

Le 3 décembre, à Chaux.

Le 4 décembre, à Chaux, en contact avec l'ennemi.

Le 5 décembre, à Concœur, en contact avec l'ennemi.

Le 6 décembre, à Concœur, en contact avec l'ennemi.

Le 7 décembre, à Concœur, en contact avec l'ennemi.

Le 8 décembre, à Chambœuf, en contact avec l'ennemi.

Le 9 décembre, à Chambœuf et Concœur, en contact avec l'ennemi.

Le 10 décembre, à Chambœuf, en contact avec l'ennemi.

Le 11 décembre, à Chambœuf et à Comblanchien, en contact avec l'ennemi.

Le 12 décembre, à Beaune ; l'escadron du commandant Wolowski entre en campagne, en contact avec l'ennemi.

Le 14 et le 15 décembre, à Beaune, en contact avec l'ennemi.

Le 16, à Villy-le-Moutier, en contact avec l'ennemi.

Le 17 décembre, à Charrey, en contact avec l'ennemi.

Le 18 décembre, à Saint-Jean-de-Losne, — en contact avec l'ennemi.

Le 19 décembre, à Saint-Jean-de-Losne, en contact avec l'ennemi.

Le 20 décembre, à Losne, en contact avec l'ennemi.

Le 21 décembre, à Champvans, repos employé à refaire et à ravitailler la Compagnie.

Les 22, 23, 24, 25, et 26 décembre, à Champvans. Mort de Dautel, capitaine.

Le 27 décembre, à Brans.

Le 28 décembre, à Recologne, repris le contact.

Le 29 décembre, à Bomboillon.

Le 30 décembre, à Cresancey, combat de Cresancey.

Le 31 décembre, à Cresancey, combat de Cresancey, entrée à Gray.

Le 1er janvier 1871, à Gray.

Le 2 janvier 1871, à Gray.

Le 3 janvier 1871, à Bussey.

Le 4 janvier 1871, à Cirey.

Le 5 janvier 1871, à Luxiol.

Le 7 janvier 1871, à Berche.

Le 8 janvier 1871, à Glay, repris le contact.

Le 9 janvier 1871, à Glay.

Le 10 janvier 1871, à Abbevillers, combat d'Abbevillers.

Le 11 janvier 1871, à Glay, combat à Glay.

Le 12 janvier 1871, à Abbevillers.

Le 13 janvier 1871, combat d'Abbevillers.

Le 14 janvier 1871, à Abbevillers.

Le 15 janvier 1871, à Abbevillers.

Le 16 janvier 1871, à Abbevillers.

Le 17 janvier 1871, à Hérimoncourt.

Le 18 janvier 1871, à Hérimoncourt et Pierre-Fontaine, combat de Hérimoncourt.

Le 19 janvier 1871, à Montandon.

Le 20 janvier 1871, à Montandon.

Le 21 et le 22 janvier 1871, à Montandon.

Le 23 janvier 1871, à Villars-sur-Blâmont.

Le 24 janvier 1871, à Pierre-Fontaine.

Le 25 janvier 1871, à Montechroux.

Le 26 janvier 1871, à Saint-Hippolyte.

Les 27, 28 et 29 janvier 1871, à Morteau.

Le 30 janvier 1871 au soir, partis pour Pontarlier. Marche ininterrompue pour ne pas aller en Suisse.

Le 31 janvier 1871, à Pontarlier. Marche.

Le 1er février 1871, à Touillon. Marche.

Le 3 février 1871, à Bois-d'Amont. Marche.

Le 3 février 1871, à Bois-d'Amont.

Le 4 février 1871, à Gex.

Le 5 février 1871, à Gevry.

Le 6 janvier 1871, embarqués en chemin de fer pour Trévoux jusqu'au licenciement du corps franc.

∗

Avec l'assentiment de Bourras, et toujours plein de confiance dans mon projet, je vais, un beau jour, délibérément, à la préfecture, pour voir Gambetta, qui passait par Besançon.

Dans la cour je rencontre le préfet, M. Ordinaire, et M. Keller, depuis député.

Nous causons. En peu de mots, je leur explique ce que je désire : soumettre un plan nouveau de défense.

M. Ordinaire me conseille alors d'attendre que le ministre soit installé à Tours, car il est très affairé, très bousculé pour le moment, et je risquerais fort ou de ne pas être reçu, ou de voir mes explications oubliées sitôt données.

M. Keller partage cet avis.

Je m'incline et me retire quand je vois descendre de landau Garibaldi, appuyé sur des béquilles. Cette vue est loin de m'enthousiasmer et de me bien faire augurer du concours de ce vieillard malade, impotent.

Lorsque, peu après, j'apprends que le ministre est à Tours, je demande une permission régulière de 6 jours à Bourras, je confie l'intérim du commandement à M. Boulay, et je pars, nullement désespéré malgré tout, bien au contraire.

*
* *

Quand, le 31 octobre, à Tours, je me présentái chez Gambetta, voyons un peu dans quelles dispositions d'esprit il se trouvait.

Ce jour-là, précisément, il était débordé : les événements, les désastres se précipitaient.

Il accusait, à la face du monde, Bazaine de trahison ; de plus, il venait d'apprendre que la Russie, profitant des circonstances, dénonçait le traité de Paris, qui lui interdisait l'entretien d'une flotte dans la Mer Noire (1) ; enfin, il était en possession d'une dépêche lui annonçant le mouvement insurrectionnel qui avait éclaté dans Paris.

Je tombais bien !

Introduit d'abord auprès de M. Jules Charton, je mis tant d'insistance, je prouvai si chaudement la conviction inébranlable d'un homme qui ne cherchait, qui ne voulait que le bien de la défense, que, après quelques minutes d'entretien, il me donna une lettre d'introduction auprès du Délégué à la guerre.

La conversation avait été courte :

---

(1) L'Angleterre a-t-elle rien dit, rien fait, à ce propas, elle, co-signataire de ce traité, et complètement libre de ses actions ? Ceci à l'appui de ce que je signale, d'autre part, sur l'observation des signatures et le respect des neutralités.

— Que demandez-vous ?

— A faire un soulèvement général et patriotique.

— ... Vous seriez alors l'homme que nous cherchons.

Reçu immédiatement par M. de Freycinet, je lui exposai brièvement mes idées.

Il m'écouta attentivement et me répondit que la solution que je cherchais n'était pas dans ses attributions. Puis il traça quelques lignes devant me donner accès auprès du ministre.

Je revins trouver M. Charton. Celui-ci, très aimable secrétaire de Gambetta, avait pour mission de recevoir les personnes qui n'avaient pas de lettres d'audience régulière accordées sur demandes duement motivées. Sur un registre spécial qu'il a conservé, il inscrivait les noms, prénoms, professions, adresses des visiteurs, et aussi ce qu'ils désiraient. Depuis, il m'a avoué que, sur les milliers de gens qui ont passé dans son cabinet, j'étais un des dix ou douze qui n'étaient pas amenés par un intérêt personnel.

Je le priai de remettre à Gambetta le mot de M. de Freycinet. Ce qu'il fit.

Deux minutes après, il revenait, l'air peu satisfait, embarrassé.

— Eh bien ?

— Eh bien ! Il m'a dit qu'il ne voulait pas vous recevoir, et cela sur un ton !...

Un geste expressif achevait la phrase

Nullement découragé, quoique très surpris, j'insistai :

— Je devine... Tous les noms polonais ont la même désinence. Il a sans doute des préventions, des motifs, que sais-je ? Mais moi, il ne me connaît pas, ou, s'il me connaît, ce ne peut être qu'en bien. Vous ferez plus que m'obliger en le lui disant.

Sans aucun enthousiasme, mais avec beaucoup de complaisance, il retourna sur ses pas, et reparut bientôt avec cette parole consolante :

— Il — ne — veut — pas !

— Et moi, m'écriai-je, je ne resterai pas dans une situation plus qu'équivoque, je n'accepte pas cette sorte de suspicion. J'ai l'honneur d'être officier. S'il mantient son refus, je sortirai d'ici, mais démissionnaire.

Là-dessus, troisième tentative de M. Charton.

Cette fois la nouvelle était meilleure.

— Il veut bien. Mais voici ses propres termes :

« Dites à ce capitaine que je le recevrai, mais « qu'il soit bref et qu'il me dise en deux mots « ce qu'il veut. »

— Cela me suffit. Je vous remercie.

— Ne me remerciez pas, répondit M. Charton. Si je me suis permis d'insister plusieurs fois, c'est que votre attitude et toute votre manière d'être me donnent confiance.

Je m'installai dans une salle d'attente. Je vis passer près de moi le ministre, qui allait déjeuner.

Il revint une heure après.

Vingt bonnes minutes s'écoulèrent encore, puis M. Charton apparut et me dit :

— Venez.

Après m'avoir fait passer par un couloir, il ouvrit une porte et se retira.

Devant moi, un bureau sous lequel disparaissait une chaise dont on n'apercevait que le dossier.

A gauche, près d'une fenêtre, une table surchargée de dossiers et de papiers à en-tête imprimé.

A droite, en retour du grand bureau, et en faisant partie — tout contre une porte placée derrière — le fauteuil de Gambetta.

Celui-ci, quand j'entrai, était debout, reconduisant à cette porte deux messieurs qu'il tutoyait, si mes souvenirs sont bien exacts.

Il se rassit, et, me regardant :

— Vos papiers !

— Voilà !

Je lui tendis l'autorisation de Bourras, valable pour six jours, de me rendre à Tours :

Il la parcourut et me la rendant :

— Bon ! expliquez-vous ?

D'un mouvement brusque j'attirai à moi la chaise dont je viens de parler, la fit pirouetter, m'assit, et, me penchant vers mon interlocuteur, je lui débitai tout d'une haleine :

— Je voudrais que le gouvernement proclamât toute la France en état de guerre nationale, tout le monde compris sans exception. Je n'admets pas que les bourgeois disent que cela ne les regarde pas. Non ! c'est une guerre nationale et tout le monde doit agir.

Gambetta me regarda curieusement, mais, à l'expression de sa physionomie, j'avais remarqué son assentiment, et je repris :

— Je fusillerais chaque général qui se laisserait surprendre. Cela ne doit jamais se produire. En Pologne, nous ne nous sommes jamais laissé surprendre, bien que le pays fût entièrement occupé.

— Quel est votre moyen ? interrompit Gambetta.

Je continuai :

— Non seulement nous ne nous laissions jamais surprendre, mais lorsque nos chefs avaient décidé une attaque contre les Russes, ordre était donné de couper les lignes télégraphiques et de détruire le chemin de fer pour les empêcher de recevoir promptement du renfort. Pour cette besogne nous avions recours aux habitants de la contrée ; l'élément civil avait été requis, *sous peine de mort*, d'exécuter les ordres des chefs de partisans.

— Et ils se soumettaient bien à cette injonction ?

— Aussi bien que possible. Les propriétaires fonciers, les paysans, tout le monde, apportait son concours avec un ensemble patriotique pourvu qu'on leur en signifiât l'ordre par écrit : « *Sous peine de mort.* » Eux-mêmes réclamaient *cet ordre*, qui les mettait, disaient-ils, à couvert vis-à-vis des Russes, ces derniers comprenant fort bien qu'il était impossible aux habitants de désobéir dans de pareilles conditions.

De même pour ce qui concernait la sécurité des troupes insurrectionnelles : les maires des villes et villages étaient tenus d'envoyer informer nos chefs militaires de l'approche de l'ennemi. Ainsi la nouvelle étant portée d'un endroit à l'autre, à cheval le plus souvent, nos détachemen's étaient toujours prévenus à temps. Donc pas de surprise.

Là il m'interrompit de nouveau, me priant de recommencer, et se mit à prendre des notes (1).

Sur sa demande j'entrai dans de nouveaux détails.

Les maires devaient donc, toujours sous peine de mort, informer l'armée des mouvements de l'ennemi.

(Sans doute il y en a qui le faisaient sans y être forcés, mais il n'en manquait pas d'autres qui songeaient d'abord à ne pas compromettre leur sécurité).

On pouvait obliger les non-belligérants, trop vieux ou trop jeunes, à aller à la découverte à couper les fils télégraphiques, à enlever les rails, etc, etc., ce qui s'était pratiqué en Pologne et avait permis de prolonger la lutte contre des forces numériquement écrasantes, sans être pris une seule fois au dépourvu.

Il m'écoutait avec la plus grande attention, ne cessant de me demander des renseignements.

Dans le cours de notre conversation, il fut question de notre corps franc.

-----

(1) Son bureau était recouvert, en guise de tapis, de grandes feuilles : c'est sur ce papier et non pas sur une feuille de papier blanc volante qu'il notait ce que je lui disais.

Tout à coup Gambetta me dit :

— Vous êtes du Corps-Franc des Vosges? Comment se fait-il que vous ne faites pas partie de l'armée des Vosges! Je vais vous verser dans cette armée.

Je m'exclamai :

— Oh! non! je vous en conjure, ne faites pas cela !

— Et pourquoi donc?... Quelle est votre opinion sur Garibaldi?

Je me rappelai avoir aperçu, à Besançon, Garibaldi descendre de landau appuyé sur des béquilles. Je repris :

— Je partage ses opinions politiques, mais, quant au commandement, c'est autre chose, c'est un vieillard et je n'ai pas confiance dans les vieillards.

— Vous avez raison. Mais...

Ici j'interrompis à mon tour.

— Si vous nous versiez dans l'armée des Vosges, nous serions là de nouveaux venus, on se défierait de nous, et de cette façon notre action, notre initiative seraient paralysées, stérilisées, tandis que, laissant notre corps tel qu'il est, éclairant l'armée de l'Est dont le général en chef nous connait et a confiance en nous, unité combattante, nous continuerons à concourir efficacement au bien de la défense du pays.

Gambetta me donna raison. La chose en resta là, Bourras, de ce moment, resta un chef libre et indépendant, et cela d'autant plus que j'eus l'occasion, peu de minutes après, de faire beaucoup d'éloges sur son compte et sur les services qu'il rendait journellement.

A propos du système d'explorations que je préconisais, Gambetta me demanda tout-à-coup :

— Eh bien, que désirez-vous en définitif?

— L'organisation d'un escadron des éclaireurs à cheval qui resterait attaché au Corps Franc des Vosges. (1)

— Passez-moi une feuille qui est sur l'autre table. (Et il fit un geste de la main du côté de ce meuble).

Je me levai et me dirigeai vers la table près

---

(1) D'après tout ce qui précède, le lecteur peut s'étonner de ma réponse trop modeste et trop peu conforme à l'ensemble des idées que j'avais à cœur ; faire faire le soulèvement général en France.

En allant chez Gambetta. j'avais l'intention de lui demander de me nommer le commissaire du gouvernement pour la région de l'Est.

Mais à sa question posée :

« Que désirez-vous ? » l'idée me vint que j'étais, après tout, un étranger. Circonstance qui aurait certainement froissé l'orgueil de bien des Français. J'ai reculé devant la perspective de commander aux autres, à Bourras même, qui m'avait donné la permission d'aller à Tours. Ma délicatesse a été hors de saison, mais compréhensible cependant.

de la fenètre, je pris une feuille et la lui remis. C'était le papier à en-tête qui lui servait pour ses ordres. Il se mit tout de suite à écrire.

Pendant que, de sa main, il me « commissionnait », je regardais placidement, par dessus son épaule, ce qu'il écrivait.

Après « capitaine au Corps Francs des Vosges », comme il allait continuer, je l'arrêtai :

— Veuillez, je vous en prie, ajouter : « Sous les ordres du commandant Bourras ».

— Et pourquoi? Je ne le connais pas, cela n'a rien à voir ici...

— Je vous en prie...

— C'est à vous que j'ai affaire. C'est vous que je commissionne et, si vous voulez le reconnaître pour votre chef, cela vous regarde...

— Je tiens énormement à rester avec Bourras, qui est un chef des plus intelligents...

Gambetta, avec un geste d'impatience, me dit :

— Enfin, c'est bien.

Et il ajouta ce que je désirais.

Voici cette pièce.

RÉPUBLIQUE FRANÇAISE

LIBERTÉ, ÉGALITÉ, FRATERNITÉ

GOUVERNEMENT DE LA DÉFENSE NATIONALE

« Le membre du gouvernement de la Défense nationale, ministre de la guerre et de l'intérieur.

« En vertu des pouvoirs à lui délégués par le gouvernement, par décret en date à Paris du 1ᵉʳ octobre 1870.

« Donne autorisation à M. Ladislas Wolowski, capitaine des éclaireurs du corps franc des Vosges, sous le commandement du commandant Bourras, de requérir, avec le concours des autorités civiles et militaires du Doubs, du Jura et des Vosges, cent vingt chevaux de selle, et se procurer les harnachements nécessaires à charge d'en laisser état.

« Tours, le 31 octobre 1870.

Signé : « L. GAMBETTA. »

Une heure plus tard (les deux minutes imposées, exigées, étaient loin) pendant qu'il m'accompagnait vers la porte qui m'avait livré accès, il me dit brusquement :

— N'avez-vous rien de plus à me dire, rien à me demander?

— Si, la permission de vous écrire, le cas échéant.

— Je vous autorise à m'écrire et à me télégraphier directement, en toutes circonstances. Est-ce tout?

— C'est tout.

Ayant pris congé de lui, j'allai remercier M. Charton qui, mis rapidement au courant de notre dialogue et de son résultat, n'en revenait pas.

Séance tenante, car je n'ai jamais aimé à perdre mon temps, je m'installai dans son bureau et lui demandai d'expédier quelques télégrammes urgents concernant le nouveau service dont je venais d'être chargé. Très obligeamment il s'offrit à me servir de secrétaire pour la circonstance.

La première dépêche était pour M. Ordinaire, préfet du Doubs :

« Chargé par le ministre guerre organiser
« escadron éclaireurs à cheval, arriverai Be-
« sançon. Veuillez préparer chevaux par ré-
« quisition. »

La seconde était pour le préfet du Jura :

« Chargé par ministre guerre organiser es-
« cadron éclaireurs à cheval avec le concours

« autorités civiles et militaires du Doubs, Jura
« et Vosges, passerai Lons-le-Saulnier 2 no-
« vembre. Prière envoyer au train votre secré-
« taire pour convenir au sujet des réquisitions
« de chevaux ».

La troisième était pour Bourras.

Sur ce, M. Charton me présenta un monsieur
qui se trouvait déjà là avant ma venue : c'était
M. Georges Périn.

Je me retirai peu après.

Le soir, dans un hôtel, à la table d'hôte,
j'avais pour voisins, à droite, le comte d'Houde-
tot, capitaine d'état-major, à gauche M. Georges
Périn, puis M. Lissagaray, qui, je me rappelle
ce détail, mangeait ganté de noir.

M. G. Périn, dans sa conversation avec moi,
finit par me demander de le prendre dans
mon escadron. J'acceptai cette offre avec empressement. Il m'expliqua cependant qu'avant
de s'engager définitivement, il croyait devoir
en parler à Gambetta qui avait une réunion
importante chez lui le soir, et qui, antérieu-
rement, lui avait promis de le nommer commissaire du gouvernement à Toulouse, avec
M. Lissagaray, pour l'organisation des troupes.

Il m'avoua que, la réalisation de ce projet
traînant beaucoup à son gré, il était trop jeune
pour rester dans l'inaction.

Le lendemain, au rendez-vous qu'il m'avait indiqué pour me donner une réponse définitive, il m'aborda avec un joyeux sourire, me disant :

— J'ai une très bonne nouvelle à vous communiquer. Dès que j'ai prononcé votre nom et lui ai parlé de mes intentions, Gambetta, devant tout le monde réuni chez lui, m'a répondu à haute voix : « Je suis très heureux d'avoir eu une entrevue avec Wolowski, et suis tout disposé à augmenter ses pouvoirs. Quant à toi, tu m'es nécessaire à Toulouse. »

. . . .
. . . .
. . . .

Le hasard fit que, tout de suite, j'eus à mettre à profit l'autorisation accordée, de correspondre directement, et j'adressai au ministre le télégramme suivant :

De Besançon à Tours.

Capitaine Wolowski à M. Gambetta, ministre de l'Intérieur et de la Guerre.

« J'arrive à Besançon. J'apprends que le 31 octobre trois compagnies de M. Bourras ont poussé jusqu'à Gray avec un bonheur inexplicable et une audace inouïe.

« Lutte de trois heures. Du côté des Prussiens, quatorze fourgons de blessés et soixante tués. Chez nous deux blessés.

« Le rapport exact sera envoyé aujourd'hui. Deux mille soldats enthousiastes avec leurs officiers ont proclamé aujourd'hui M. Bourras colonel et chef de leur corps.

« Prière à M. le Ministre de ratifier par son approbation le choix de nos soldats et de faciliter, par une augmentation de pouvoir à leur chef, leurs opérations et leur succès.

« Donc, si M. le Ministre le veut bien :

« 1° Dans les opérations militaires, liberté complète du colonel Bourras, appuyé par M. Wolowski.

« 2° L'Intendance devra se mettre à la disposition entière du même colonel Bourras et n'entravera en rien la rapidité de l'équipement de ses soldats.

« 3° Les municipalités sur le territoire desquelles agiront les troupes françaises devront se mettre tout entières à son service.

« Ma dépêche va être suivie d'un rapport complétant et développant les idées que j'ai déjà eu l'honneur de vous soumettre dans notre entrevue. Réponse pressée.

« Signé : WOLOWSKI.

« Besançon, le 3 novembre 1870. »

Cette dépêche reçut une approbation entière du ministre.

Le corps franc fut ainsi désormais constitué sur des bases solides.

Peu de temps après, le commandant Bourras fut nommé lieutenant-colonel et chevalier de la Légion d'honneur.

Il fut fait colonel vers le 14 janvier 1871.

Un des meilleurs capitaines du corps, M. Salmon, fut nommé sous-intendant du corps franc des Vosges.

Bien souvent je correspondis de la sorte, et, naturellement, Bourras fit comme moi par la suite, le moyen étant plus simple et plus expéditif et étant devenu, à l'usage, une sorte de droit établi.

Je ne voulais certes rien pour moi, mais comme j'aurais été heureux, si, entraîné par ma conviction — qui ne m'abandonnera jamais — Gambetta s'était décidé à nommer dans l'Est (pour essayer) un commissaire du gouvernement, jeune, actif, infatigable, pénétré de sa mission, patriote par dessus tout, sachant parler aux gens, animer, enlever les masses, payant de sa personne, à quel résultat ne serait-on pas arrivé ?

Mais voilà.

On n'est jamais enthousiaste des projets dont on n'est pas le père.

Est-ce cela ? Est-ce autre chose ?

Qui sait ?

Et tout, en somme, s'était borné à une grande chaleur d'une part, à une attention intense de l'autre, et, pour le pays : rien.

On a bien envoyé un commissaire, homme d'une correction, d'une éducation parfaites, d'une science considérable, ingénieur de premier ordre, s'entendant comme pas un à assurer les ravitaillements, les transports, tous les services.

Tout cela est parfait.

Était-ce ce qu'il fallait pour entraîner les populations, mettre du cœur au ventre aux plus timides, et tenter le coup final, le coup sauveur ? Non, mille fois non.

C'était, là encore, là toujours, l'administration. Ce n'était pas la foi, l'héroïsme, l'emballement même, si l'on veut, grâce auquel, en certains cas, on obtient des prodiges…. dont on avait tant besoin.

*
* *

Je ne veux pas oublier les deux chasseurs que le général Cambriels m'avait cédés.

Ces braves garçons s'étaient attachés à moi ; et j'ai toujours été très satisfait de leur service.

Cela ne pouvait pas durer.

Un jour l'un d'eux, Picard, (Je crois me rappeler que c'était le fils d'un avoué) m'informe, très gêné, que leur commandant leur a intimé l'ordre de rejoindre leur escadron.

Aimant peu les vexations grandes ou petites, j'en réfère au général qui confirme l'ordre absolu (que je fais parvenir à l'officier en question) de me laisser les deux chasseurs (1).

Ils reviennent, et le même qui m'avait mis au courant de l'affaire m'informe qu'on lui a promis les galons de brigadier.

C'était un moyen sûr de me le reprendre.

Effectivement, ne voulant pas nuire à son avancement, je lui laisse sa liberté et me sépare de lui.

On m'en envoie à sa place, pour se conformer à l'ordre reçu, un autre, mais tellement lourd, tellement nigaud, que j'y renonce, et me décide à le renvoyer à son régiment.

Il ne m'en restait donc plus qu'un, qui ne me quitta plus, jusqu'au moment pourtant où, de mon plein gré, je crus devoir le céder

---

« (1) Les deux chasseurs à cheval mis à la disposition
« du capitaine Wolowski, capitaine au corps franc des
« Vosges, pour la mission dont il a été chargé à Remi-
« remont, resteront provisoirement sous ses ordres.
« Le 16 octobre 1870.
« P. ordre, le chef d'État-major.
« Signé : VARAIGNE. »

comme ordonnance à Bourras, qui n'en avait
pas, et auprès duquel il resta jusqu'à la fin de
la guerre.

Il paraît décidément, ou je me trompe fort,
qu'il ne fait pas bon s'écarter des usages
adoptés, et être un soldat pseudo-irrégulier ;
les services rendus doivent être de bien peu
de poids, même pas du tout, en regard de la
forme, de l'habitude, du consacré.

En voici un nouvel exemple. A Besançon
j'avais déjà eu l'occasion de me rencontrer
avec le colonel Bigot : c'était au sujet de mon
premier télégramme à Gambetta, et nous
avions eu cette petite conversation, que je
rapporte mot à mot :

— De quel droit voulez-vous correspondre
avec le ministre ?

— Du droit qu'il m'a donné.

— Il vous a donné le droit de lui télégraphier ?

— Et aussi de lui écrire. C'est même ce que
je vais faire si vous ne voulez pas viser mon
télégramme.

— Allez voir le général Rolland. S'il vous
autorise à télégraphier, je vous donnerai le
visa.

— Mais...

— Gambetta est à Tours, et nous ici !

Aménité à part, et malgré l'évidence du fait car à moins d'être aliéné, on ne correspond pas directement avec un ministre si on n'en a pas le droit, il pouvait avoir un semblant de raison.

La dépêche partit, mais je n'en avais pas fini avec lui.

Mon escadron était en train d'organisation quand, un beau matin, M. de Landreville, qui ne me quittait pas, me fait part d'une toute récente causerie qu'il vient d'avoir avec M. Bigot.

Le colonel, ami et collègue de son père, lui avait dit :

— Vous êtes avec les éclaireurs Wolowski ? Ah ! c'est bien dommage pour vous, car on va les licencier ! ! ! Quittez-les donc !

C'était encore des difficultés à surmonter, des bâtons à retirer des roues, une exquise mauvaise volonté à retrouver sur ma route.

Aussi a-t-on idée de n'être ni cuirassier, ni dragon, ni chasseur, ni hussard ! ne faut-il pas être abandonné par la Providence et le bon sens pour organiser quelque chose d'utile à côté !

Pour couper court à tout cela, je fis une chose bien simple. J'étais maître de mes actions. Je passai, avec mon escadron en organisation, dans le Jura, où les autorités du Doubs n'avaient aucun pouvoir (cela, c'est régulier, je pense !), et, de là nous rejoignîmes la légion Bourras — qui n'a pas eu à s'en plaindre—dans la Côte-d'Or.

Que de tiraillements, d'empêchements dans tout, de retards perpétuels !

***

Ne voulant pas m'écarter de mon programme, je ne citerai encore que des incidents, des faits isolés, sans m'arrêter à raconter les péripéties générales de la campagne.

Après le premier combat de Nuits (20 novembre), pendant la retraite sur Prémeaux, un franc-tireur de la 6° compagnie (compagnie du Jura) le jeune Mesny de Boisseaux, d'Arbois, descendu courageusement jusque vers Nuits, épuisé, malade, anéanti, s'était couché dans une vigne, attendant l'obscurité pour rejoindre sa compagnie. Il fut découvert par les ennemis, traîné par les poignets, criblé de coups de baïonnettes et finalement fusillé sans pitié sur le cheval mort d'un cavalier badois tué le matin même. Ce fait de barbarie, cet acte inqualifiable, cet infâme assassinat eut un profond retentissement dans tout le bataillon (1).

---

(1) La mort de Mesny inspira à notre poète Grandmougin les vers suivants :

Les Prussiens l'avaient fusillé lâchement.
Non point dans la fureur brutale du moment,

Voici un extrait d'une lettre envoyée par un ami du jeune Mesny à sa mère :

« Le 20 novembre 1870, après la retraite des francs-tireurs, qui termina le combat de Nuits, la compagnie s'était retirée à Villers-Magny, on fit l'appel, et Léon Mesny fut porté absent avec une dizaine d'hommes de la compagnie du Jura. Quelques traînards rentraient de temps en temps, quand, vers six heures du soir,

---

Mais ils l'avaient frappé d'abord à coups de crosse,
A coup de sabre, avec une lenteur féroce,
Le poussant devant eux et du poing et du pied,
Puis ils l'avaient tué sans honte, sans pitié :
C'était presque un enfant, c'était un volontaire.
Un paysan l'avait trouvé gisant à terre,
Et comme abandonner un mort lui semblait mal,
Il avait emporté le corps à l'hôpital.
Or le lendemain soir nous étions là, très graves,
Croyant à peine encor qu'on fusillât un brave,
Et que ces Allemands fussent assez hardis
Pour nous exécuter comme de vrais bandits.
Il faisait nuit : les nuits sont tristes en novembre.
Une très vieille sœur nous mena dans la chambre
Où l'on dépose ceux qui sont morts ; elle allait
Muette : dans sa main la lumière tremblait,
Et sa coiffe, à grands plis, raide, empesée et dure,
Son long chapelet noir tombait de sa ceinture,
Son visage où le temps avait mit ses sillons,
Son œil calme où semblaient mourir les passions,
Lui donnait le bizarre aspect de ces mystiques
Qu'on voit sur les vitraux des églises gothiques.
Elle dit : « C'est ici. » — Les corps des trépassés
Saillaient sur leurs linceuls, rigides et glacés,

on apprit par certaines rumeurs qu'un franc-
tireur avait été tué à Nuits. Le lendemain, la
colonne s'étant portée sur le village de Chaux,
un de nos volontaires, Ludovic Mouchot, partit avec dix hommes pour prendre des informations à la ville. La nuit suivante, nos
hommes ramenaient malheureusement le corps
de notre ami horriblement mutilé. Le 22 novembre, à neuf heures du matin, toutes les

---

Vaguement aperçus dans la demi-lumière;
Ils avaient la blancheur des ébauches de pierre.
Des sentences en noir, peintes grossièrement
Le long des murs, parlaient du dernier jugement,
Du Paradis en joie et de l'enfer en flammes.
Du néant de la vie et du salut des âmes.
Lorsque la sainte femme eut ouvert le cercueil,
On frémit et plus d'un eut une larme à l'œil
En le voyant sans vie entre les quatre planches.
Pourtant il souriait toujours, et ses dent blanches,
Que sa bouche laissait voir encore à demi
Semblaient nous regarder avec un air ami.

. . . .

Or, tandis que, parlant à voix basse et très pâles,
Nous regardions ce corps tout troué par les balles,
Murmurant un adieu solennel à celui
Qui s'était fait tuer où d'autres auraient fui,
Courbés par la douleur, presque par la prière,
La sœur nous dit : « Messieurs, c'est dix francs pour la
[bière ».

Charles GRANDMOUGIN,

de Vesoul, ex franc-tireur du Jura
au corps franc des Vosges.

compagnies réunies à Chaux se groupaient autour de l'église pour rendre le dernier devoir à notre ami, martyr de courage et d'héroïsme ; le corps avait été déposé à la maison commune, au rez-de-chaussée.

« A neuf heures, les francs-tireurs du Jura, le guidon voilé d'un crêpe, prirent place dans l'église, trop étroite pour contenir le reste du bataillon.

« Tous pleuraient quand le cercueil entra, suivi du colonel Bourras, qui, l'épée au poing, prit place dans le sanctuaire en face du capitaine Cler. Après la grand'messe, chantée par M. l'aumônier de la compagnie, le cortège se mit en marche au milieu d'une haie de troupes du plus imposant aspect ; deux mille hommes aux costumes variés étaient là, rendant hommage au patriotisme d'un de leurs frères tombé trop tôt. A la sortie du village, quand le cercueil fut sur le point de prendre la route de Beaune, le colonel Bourras s'exprima à peu près en ces termes :

« Messieurs, un attentat inouï a été commis sur l'un des nôtres ; contrairement à toutes les lois de la guerre, contrairement aux principes les plus élémentaires du droit des gens, les barbares que nous combattons ont tué un franc-tireur, c'est-à-dire un homme qui les

combattait loyalement, avec qualité de belli-
gérant.

« Je demanderai à l'état-major prussien un
compte sévère de cet acte de sauvagerie, et je
me ferai un devoir de mettre au ban du
monde civilisé la nation d'assassins et de bri-
gands qui souillent en ce moment le sol de la
France. Quoiqu'il en soit, notre ami, notre
frère, que nous pleurons aujourd'hui, n'en res-
tera pas moins pour nous un modèle de courage militaire et de dévouement à sa patrie ;
malgré sa jeunesse, il a fait son devoir de
citoyen ; il est mort en brave, et l'auréole dont
la mort entoure sa mémoire n'est que la juste
récompense de son sacrifice. Adieu, jeune
héros ! Frère, adieu. »

. . . .

. . . .

*
* *

SOMMATION DE BOURRAS AU GÉNÉRAL DE WERDER
RÉPONSE DU GÉNÉRAL DE WERDER

Pour empêcher la reproduction de pareils
faits ou dans la ferme intention de suivre l'ennemi dans cette voie de représailles, voie d'ailleurs avantageuse à tout peuple envahi, le
commandant Bourras fit réunir les quelques

prisonniers des jours derniers et écrivit au général de Werder en le sommant de lui transmettre dans les quarante-huit heures sa manière de voir à ce sujet.

La réponse étant arrivée dans les délais voulus et donnant satisfaction, les prisonniers furent renvoyés.

Voici d'ailleurs la lettre du commandant Bourras et la réponse qu'elle a provoquée.

Lettre du colonel Bourras au général de Werder, commandant en chef les troupes allemandes, à Dijon.

De mon quartier général de Nuits.

22 novembre 1870.

« EXCELLENCE,

« J'ai l'honneur de porter à votre connaissance un fait inouï de barbarie, commis aujourd'hui par quelques soldats de votre armée sur un de mes francs-tireurs, nommé Mesny de Boisseaux (d'Arbois), de la 6ᵉ compagnie. Ce jeune soldat, blessé grièvement, resta sur le champ de bataille au pouvoir de vos hommes, qui l'ont lardé et achevé sans pitié !

« Je suis, général, ce commandant du corps franc des Vosges qui vous suit pas à pas depuis la bataille de la Bourgonce.

» Les pertes que je vous ai déjà fait subir dépassent, vous le savez bien, deux fois mon effectif.

« Je vous somme dès aujourd'hui de faire participer mes troupes, comme belligérantes, aux usages de la guerre entre peuples civilisés. Si par hasard mes hommes tombaient entre les mains des vôtres, j'exige qu'ils aient la vie sauve, ou bien, forcé d'user de représailles, je ferai pendre ou fusiller, à vos avant-postes, les nombreux prisonniers que je vous ai faits.

« Quartier-général de Nuits, le 22 novembre 1870.

Signé : « Colonel A. BOURRAS. »

« COLONEL,

« J'ai reçu votre honorée lettre m'informant qu'un acte, que je qualifie d'odieux, avait été commis sur la personne d'un de vos francs-tireurs. Je regrette ce fait. Je vais immédiatement ordonner une enquête à ce sujet et faire rechercher les coupables, pour lesquels j'ordonnerai une punition exemplaire.

« Dijon, le 22 novembre 1870.

Signé : « DE WERDER. »

Le général ennemi demandait en outre l'envoi d'un officier à Dijon, pour indiquer les marques distinctives des diverses compagnies du corps franc.

Le porteur de la sommation de Bourras à de Werder était un abbé de la ville de Nuits.

Le général de Werder se trouvait précisément à dîner lorsque l'abbé lui remit la missive. De Werder, après sa lecture, s'emporta à tel point qu'il donna un terrible coup de poing sur la table ; mais, ravisé bientôt, il rédigea la réponse citée plus haut.

Il paraît donc que les francs-tireurs comptaient pour les Allemands, puisque leur colonel traitait d'égal à égal, de puissance à puissance, avec le général ennemi vainqueur, qui, lui, était obligé de céder, que ce fût ou non régulier, et conforme aux usages établis !

*
* *

Les difficultés, les empêchements devaient persister jusqu'au bout ! Les « réguliers » ne voulaient pas admettre les corps francs, malgré la rude campagne qu'ils n'avaient cessé de mener, n'ayant rien du tout à leur envier, sous le rapport des résultats obtenus et des efforts accomplis.

Le 10 décembre, le général Cremer, cantonné à Beaune, avait fait transmettre au colonel Bourras l'ordre d'avoir à fondre ses troupes dans son petit corps d'armée, formé par les légions mobilisées du Rhône, et de rentrer à Beaune.

Les dissentiments qui avaient pris naissance, déjà dans la journée du 30 novembre, augmentèrent. L'ordre donné présentait de grandes difficultés. Outre la décision du ministre, qui donnait au corps franc une autonomie spéciale et lui permettait d'agir isolément, les soldats de ce corps étaient dénués de sacs et de tentes-abris, et leur incorporation dans des troupes régulières ne pouvait se faire immédiatement en raison de leur constitution même.

Ces difficultés furent augmentées par le ton cassant du général Cremer.

Son ultimatum produisit une mauvaise impression dans le corps franc, dont presque tous les hommes, libres de tout service militaire, avaient volontairement pris Bourras pour chef et ne voulaient servir que sous ses ordres.

En présence de l'agitation produite par l'ordre absolu qu'il avait donné, le général Cremer envoya de nouveau au colonel Bourras l'ordre de faire rentrer tout le bataillon à Beaune.

En passant à la Doix, une partie des chasseurs volontaires du Rhône fut désarmée :

l'autre resta à Nuits sous le commandement du colonel Celler, et le corps franc rentra à Beaune, avec ordre et en silence, dans la matinée du 12.

Le général Cremer vint alors occuper Nuits avec la plus grande partie de ses troupes.

Les hommes du corps franc furent logés chez l'habitant. Ils reçurent l'ordre de se trouver le lendemain, dès sept heures du matin, sans bruit, en armes, sur les promenades.

Devant les difficultés que Cremer rencontrait dans l'exécution de son projet, Bourras fut invité à se rendre immédiatement auprès du général Bressolles.

Mais il ne trouva pas de train qui pût le conduire jusqu'à Châlon.

Il envoya alors la lettre suivante au général :

Colonel Bourras à général Bressolles,
à Châlon

« Je voulais me rendre à Châlon, suivant l'ordre intimé par le général Cremer. Impossible d'avoir un train, comme le certifie le chef de gare.

« Je demande ce que signifient tous ces bruits de cour martiale qui courent sur mon compte, et qui sont propagés par certains offi-

7.

ciers. Si cela est vrai, j'y viendrai immédiaté-
m.nt, soit à cheval, soit en voiture ; seul et la
tête haute.

« Quant à mes troupes, elles sont braves et
honnêtes, — demandez aux populations ce que
sont les troupes du colonel Bourras ! — d'ailleurs je vais rentrer dans le génie avec mon
grade de capitaine; aussitôt la dépêche de
Bordeaux reçue, prière d'inviter le général
Cremer à traiter mes compagnies avec conve-
nance, car elles sont dévouées à la France et
composées en grande partie de volontaires
non soumis à la loi militaire.

« Nous faisons partie de l'armée de l'Est, du
20⁰ corps actuel. Nous pourrions le rejoindre
et nous y incorporer si cette solution pouvait
être de quelque utilité pour notre pays.

« Je vous prie de me donner une réponse
pour terminer aussi tôt que possible cette situation impossible et funeste aux intérêts du
pays.

Signé : « A. Bourras. »

Le 12, à deux heures de l'après-midi, eut
lieu une réunion d'officiers du bataillon, pendant laquelle on décida à l'unanimité qu'une
commission partirait immédiatement pour
Châlon ou Lyon au besoin, même Bordeaux.

Cette députation, composée de MM. de Porpigna, Dautel, de Lisac, Hoffbourg et Ferry, devait partir le soir même. Mais une dépêche du général Bressolles, laissant au colonel Bourras le commandement du bataillon, tout en voulant l'embrigader, rendit cette commission inutile.

Vers le soir, Cremer, ayant probablement eu connaissance de l'impossibilité dans laquelle se trouvait Bourras de se rendre à Châlon, lui fit dire de venir à Nuits avec quelques compagnies, le soir même ou le lendemain, si rien ne s'y opposait.

Le colonel, qui avait l'intention d'aller le 13 à Lyon, adressa à Cremer la dépêche suivante : *Colonel Bourras à général Cremer. Nuits.*

« Y a-t-il entrême urgence à ce que je me rende à Nuits aujourd'hui ? — Mes hommes n'ont ni souliers ni effets d'habillement et ne pourront marcher que demain dans la soirée au plus tôt, — sauf 2 à 3 compagnies passablement équipées. — Besoin urgent d'aller à Lyon le soir ; vous enverrai ce soir à Nuits un officier si le désirez.

« Prière de me faire transmettre réponse immédiate.

12 DÉCEMBRE 1870.

« BOURRAS. »

Le 13, au matin, une revue de tout le bataillon fut passée sur les promenades. Les compagnies du Rhône, désarmées la veille, furent reconstituées, et l'artillerie fut rendue.

Le colonel Poullet, chef d'état-major du général Cremer, vint, envoyé par le général, demander à Bourras de se rendre à Nuits. Sur l'avis de tous les officiers présents, le colonel répondit comme la veille qu'il irait le soir même à Lyon pour se concerter directement avec le général commandant la division.

La sympathie des habitants de Beaune eut, à l'occasion de cet incident, tout lieu de s'affirmer.

L'émotion qui avait atteint le corps franc des Vosges, à la nouvelle de ce projet de dissolution, était partagée par toute la population de la ville et des alentours.

L'ennemi, en effet, qui avait envahi une grande partie de la Côte-d'Or, avait exécuté des incursions répétées sur le territoire, mais, repoussé chaque fois par les troupes franches, il n'osait plus s'aventurer dans leur sphère d'action. Aussi la ville demeurait-elle dans une profonde sécurité, lorsque la nouvelle que l'on songeait à les priver de la protection du corps vint la surprendre.

M. Luce-Veillard, préfet de la Côte-d'Or, qui

avait su apprécier les services rendus par le corps franc, avait fait des démarches personnelles auprès des autorités militaires, et, grâce à son ardent patriotisme, avait pu convaincre de la nécessité de ne pas fondre ce bataillon dans l'armée régulière. Il reçut à cette occasion ces deux lettres, bien significatives :

TRIBUNAL DE 1ʳᵉ INSTANCE DE BEAUNE

(Côte-d'Or)

« Monsieur le Préfet,

« Je viens d'apprendre l'heureuse solution de l'incident Bourras.

« Je sais la part active et éclairée que vous avez prise pour amener ce résultat pacifique, et je tiens à vous remercier du concours que vous avez prêté aux véritables intérêts du pays. Depuis deux mois, les Compagnies franches placées sous le commandement de M. Bourras ont seules à peu près mis obstacle à la marche de l'ennemi vers nous, et nous leur devons d'avoir échappé à l'invasion. Elles se sont acquis la reconnaissance de nos populations, pour lesquelles leur présence est un gage de sécurité, et vous avez pu constater hier l'émotion qu'a causée parmi elles la perspective de leur licenciement.

> « *Le Président,*
> Signé : « W. DE CHASTEIPGNER. »

Le même soir, toute la légion du Rhône se mettait en mouvement.

Mais le conflit n'était pas terminé pour cela. Bien des combats avaient eu lieu, quand, profitant d'un cours temps d'arrêt dans les hostilités, Bourras se rendit à Lyon, pour en finir. Il en revenait, le 24 décembre, à Dôle, ayant obtenu pleine satisfaction du gouvernement.

Afin de tranquilliser entièrement le bataillon, Bourras lui communiqua le duplicata suivant :

CORPS FRANC DES VOSGES

DUPLICATA

> « Lyon, le 24 décembre 1870.

« Le membre du gouvernement, ministre de l'Intérieur et de la Guerre, confirme à M. le commandant Bourras la commission qu'il a reçue de former un corps franc, chargé d'opérer dans les Vosges, et lui confère le droit de nommer les officiers faisant ou devant faire partie de son corps, jusqu'à concurrence du grade de capitaine inclusivement.

« Le corps franc de M. le commandant Bourras opérera isolément, se dirigeant vers les pays envahis, selon les instructions de la Guerre.

Signé : « L. Gambetta.

« Pour copie conforme :

« *Le Colonel* Bourras ». (1)

En outre, on lut à tout le bataillon cet ordre du jour :

CORPS FRANC DES VOSGES

« Le ministre de la Guerre à décidé que les diverses compagnies du corps franc des Vosges, en raison de leur belle conduite, formeraient un corps franc destiné à opérer isolément et à seconder les populations désireuses de chasser l'étranger.

« Vous quittez la Côte-d'Or où vous aviez conquis les sympathies des habitants, par votre bravoure et votre bonne conduite, pour entrer dans les pays où vous rencontrerez dès l'abord un accueil moins hospitalier.

« Le colonel recommande le respect dû aux habitants et à leurs propriétés. Tous les francs-tireurs doivent êtres solidaires les uns

---

(1) On organisait, désorganisait, réorganisait perpétuellement. Comme c'était bien le moment !

des autres et ne souffrir dans leurs rangs aucun homme indigne.

« Le colonel compte sur les efforts de tous, officiers, sous-officiers et francs-tireurs, pour que le corps franc des Vosges répande partout des sentiments d'abnégation et de dévouement à la patrie et ne laisse sur son passage que des souvenirs d'honneur et de bravoure.

« Dôle, le 24 décembre 1870.

« *Le Colonel-Commandant,*
Signé : « A. BOURRAS. »

Janvier est arrivé. On approche de la dernière étape de la route douloureuse.

On se bat continuellement avec, souvent, des succès partiels, mais insuffisants, inutiles, ne devant rien changer à la fin.

Le 16, Bourras reçoit un télégramme de Bourbaki lui apprenant la prise de Montbéliard par les Français et lui demandant de faire une diversion du côté de Belfort.

URGENCE EXTRÊME

Vojoncourt de Besançon, 1 heure 55 soir,
le 16 janvier 1871

Général de Division à colonel Bourras,
à Vojoncourt,

« Montbéliard pris sans le château. Armée

attaque de nouveau demain pour enlever la route d'Héricourt à Belfort. Réunissez tout ce qui est à votre disposition, passez la rivière si possible sur glace ; attaquer à outrance, tourner le château de Montbéliard, envoyer exprès à Vezet avec ordre d'attaquer en même temps avec tout le bataillon du Doubs, mobiles et mobilisés sur Sochaux et Exincourt ; prenez votre bonne part de la victoire, et il y a urgence.

« P. O. Le Chef d'état-major.

Signé : « de BIGOT. »

Le signataire est le colonel dont j'ai parlé plus haut. Il a dû s'apercevoir, au moins ce jour-là, que les francs-tireurs existaient et qu'on avait besoin d'eux. Je ne lui en veux nullement, cela ne retire rien à son mérite personnel, mais il ne pouvait croire à une guerre de partisans. Cela détonnait trop à ses yeux et au yeux de bien d'autres, hélas !

Puis-je raisonnablement, à ce propos, passer sous silence cette dépêche du général Le Flô, ministre de la guerre, à l'amiral Fourichon ?

26 septembre.

« Il faut passer le plus tôt possible de l'organisation à l'action. Vous ne pouvez songer à opposer, quant à présent, aux corps prussiens, si puissamment organisés, nos corps qui manquent encore d'une suffisante cohésion, mais harceler sans trêve et sans cesse leurs détachements, les empêcher de s'étendre, restreindre le champ de leurs réquisitions, menacer leurs communications, les obliger ainsi à se dégarnir devant Paris. Inquiéter jour et nuit, partout et toujours, voilà le but à atteindre de votre côté. De cette guerre de chicane, de *chouannerie*, vous passerez insensiblement, au fur et à mesure de l'accroissement de vos forces, à des opérations plus sérieuses, susceptibles de se relier directement avec la défense de Paris, objet capital de vos méditations et but de toute votre action. Aider à la défense de Paris, c'est couvrir la France ; même objet à couvrir en Normandie et dans les Ardennes dont vous parlez. Attirez à vous du monde et du monde, selon vos ressources d'armement. Employez vigoureusement votre cavalerie, mais par détachements de régiment, d'escadrons même, selon la valeur des chefs. *Une division réunie ne servirait à rien et ne rendrait pas le quart des services d'un régiment bien commandé.* »

Est-ce que j'avais demandé autre chose ?

Est-ce que ce n'est pas là l'essence, le fond, l'esprit, de mon projet ? Alors pourquoi le même ministre, qui donnait de semblables instructions, m'avait-il fait dire par M. de Clermont-Tonnerre que c'était *impraticable* ?

Il dit avec raison que, pour ce genre de guerre, un régiment vaut mieux qu'une division. Allant plus loin, je soutenais et soutiendrai toujours que des bataillons espacés, des compagnies même, sont bien préférables encore, puisque ce qu'il faut éviter surtout, c'est de présenter une masse compacte à l'ennemi. C'est élémentaire.

J'ai la conviction (je ne parle plus du colonel) qu'il a existé et existe des gens préférant être vaincus dans les règles, que vainqueurs en dehors des usages, de la tactique enseignée. Il s'en est bien trouvé pour s'écrier : Périsse la France plutôt qu'un principe !

Oh ! la forme ! Oh les paroles ! Quelle plaie !
Je reviens à la dépêche de Bourbaki.

Le lendemain de l'action engagée par lui sur cet ordre, Bourras recevait la dépêche suivante :

Pour Pont-de-Roide ou Vojoncourt, de Bordeaux.

Guerre à lieutenant-colonel Bourras, chef du corps franc des Vosges, Doubs.

16 janvier 71.
« Aujourd'hui, 16 janvier, le Gouvernement vous a nommé colonel dans l'armée auxiliaire.

Vous conserverez commandement de votre corps. Recevrez commission par la poste.

Signé : « HACA. »

Dès le 18 au matin (je cite par exception cette affaire pour montrer une fois, sur cent, ce qu'on pouvait attendre de notre corps), le colonel quitta Glay, très anxieux de la retraite de l'armée de l'Est, dont on connaissait la triste réalité, passa à Hérimoncourt vers onze heures, recommandant à tous une grande surveillance en prévision d'une attaque certaine, et, s'engageant au grand trot dans le chemin creux qui conduit à Abbevillers, arriva dans cette dernière localité au moment précis où les Prussiens, postés à mille ou mille deux cents mètres, commençaient à bombarder les premières maisons. Chacun se précipita à son poste, et le combat s'engagea immédiatement. Déjà sept ou huit maisons étaient en flammes, et les Prussiens formés en lignes de tirailleurs soutenus par des pelotons, s'avançaient sur le village de trois côtés.

Les francs-tireurs, abrités derrière les barricades, commencèrent une vive fusillade, et les deux pièces d'artillerie firent feu sur la colonne prussienne qui cherchait à tourner la droite vers la frontière suisse. Cette colonne s'arrêta et ne causa plus d'inquiétudes.

Dès le commencement du combat, un cavalier informait le colonel que Hérimoncourt était au pouvoir des Prussiens. Le capitaine d'Etat-major Godard, qui alla s'assurer du fait, trouva les chemins occupés par l'ennemi et faillit être pris.

La gauche était complètement découverte. Les quatre compagnies d'Hérimoncourt, assaillies à l'improviste par un ennemi supérieur en nombre, ne présentèrent pas une résistance suffisante, et, par un bien fâcheux accident, les mobiles de Culay et Roche leur tuèrent et blessèrent quelques hommes pendant que les officiers cherchaient à rétablir le combat sur les hauteurs, en arrière de Hérimoncourt.

Les Prussiens les suivirent jusqu'à Culay et Roche, d'où ils tirèrent dans la direction de Blamont, où se trouvaient les mobiles du colonel de Vezet.

Au centre et à la droite, les 15ᵉ, 1ʳᵉ, 14ᵉ et 3ᵉ (capitaines Godard, de Perpigna, Hoffbourg, (ottin) soutenaient une fusillade meurtrière et arrêtaient l'ennemi. A la gauche, que la prise d'Hérimoncourt découvrait complètement, les deux compagnies des Pyrénées, capitaine Olzewski, qui garnissaient les deux petits rideaux construits sur la hauteur, recevaient l'ordre de ployer une partie de leurs derniers hommes pour surveiller le chemin d'Hérimoncourt. Cet ordre, mal communiqué ou mal compris dans la chaleur de l'action, causa un certain trouble dans ces compagnies qui abandonnèrent leurs positions, se repliant sur le village qu'elles franchirent en désordre. L'ennemi, arrivant aussitôt sur les hauteurs et dans le cimetière, fit un feu très dangereux sur les défenseurs des barricades, qui n'étaient plus défilés. Le capitaine Godard, qui se trouvait de ce côté des barricades, eut en un instant son lieutenant et douze hommes tués, d'autres blessés grièvement. La 16e, qui était arrivée des Fourneaux, ne put rétablir le combat, et, pendant que les compagnies de droite tenaient bon, le trouble s'emparait des compagnies de la gauche qui purent enfin être ralliées à huit cents mètres en arrière, grâce à l'énergie des officiers, qui, le colonel en tête, mirent à la main sabre et pistolet pour faire reformer les pelotons. En ce moment, arrivaient en bel ordre la 5e compagnie et, un peu après, la 6e.

Elles descendirent par les Fourneaux sur Meslières pour protéger la retraite par Glay, et, pendant que les compagnies se mettaient sur deux rangs pour former les soutiens, la 5e se déployait toute entière en tirailleurs, appuyée sur la gauche par une section de la 16e et soutenue en deuxième ligne par la 3e.

Pendant ces préparatifs, faits sous le feu de l'ennemi, on apercevait une colonne prussienne à Roche, prête à fermer la retraite si elle s'emparait de Blamont. D'un autre côté, en présence d'un ennemi à leurs trousses, les francs-tireurs ne pouvaient, pour battre en retraite, traverser le ravin de Glay.

L'ordre de marcher en avant fut donné, et les compagnies, déployées en tirailleurs, au son des clairons et de chansons patriotiques, se précipitèrent avec le plus grand entrain sur Abbevillers.

Les Prussiens cédèrent devant cette attaque, évacuèrent le village en flammes, et une vive fusillade s'établit par dessus les maisons, des deux hauteurs opposées. La nuit était arrivée, les tirailleurs furent rappelés, et les troupes formées en ordre parfait. Après avoir envoyé à l'ennemi les deux derniers coups de mitraille qui restaient, les compagnies descendirent à Glay sans être inquiétées, couvertes par une compágnie d'arrière-garde.

Les six compagnies qui avaient soutenu le choc à Abbevillers montrèrent une grande ténacité. Elles perdirent cinquante-trois hommes, tués ou blessés, laissés sur le terrain. Le capitaine Godard avait eu son lieutenant tué, le brave Perrier, cité les jours précédents pour sa brillante bravoure. Les capitaines de Perpigna, Hoffbourg, Cottin, avaient parfaitement dirigé leurs hommes au feu. Le capitaine Grillet rendit les plus grands services par la rapidité de sa marche depuis Glay et par la belle attitude de sa compagnie marchant à l'attaque, et, contusionné par un obus, se remit bravement derrière sa barricade en fumier (1) et usa ses dernières cartouches. Le capitaine d'État-major Pistor fut, comme toujours, brillant d'entrain et de sang-froid.

Le colonel Bourras, comme à Brouvelieures et à Gray, dirigea l'action lui-même après avoir réglé la marche avec une sagacité digne des plus grands capitaines. Il circulait dans les rangs de ses soldats en leur adressant des exhortations pour soutenir leur fermeté héroïque. Son attitude fut si crâne, au milieu des obus qui pleuvaient autour de lui, que les francs-

---

(1) Dans un des moments où le combat était le plus acharné, un obus vint renverser une partie de la barricade, construite d'épaisses couches de fumier, en ensevelissant sous les décombres le lieutenant Marquizet. Le colonel Bourras, voyant le lieutenant tout essoufflé par les efforts qu'il avait dû faire pour se déterrer, lui dit: « Vous voyez, Marquizet, que le goût du fumier est parfois très salutaire. »

tireurs enthousiasmés se maintenaient fermes en acclamant leur chef.

Et ce fut certes à cette héroïque conduite de Bourras que le corps franc des Vosges dut de n'être pas soumis à un complet écrasement (1).

Le corps arriva la nuit à Blamont, où se trouvait le colonel de Vezet avec son régiment de mobiles, dont M. Viette commandait un bataillon. Blamont fut évacué par eux dans la nuit, et le corps resta cantonné à Pierre-Fontaine, harassé de fatigue, sans aucune munition d'artillerie et très peu de munitions d'infanterie. Le 19 au matin, les éclaireurs partirent pour connaître exactement les positions des Prussiens.

Arrivés aux premières maisons de Roches, ils furent reçus par une vive fusillade. Un des

____

(1) Ce jour-là, le général de Werder comptait tellement anéantir la légion Bourras, qu'il avait annoncé déjà à M. Japy, chez qui il était avec son quartier général, qu'il pouvait mettre pour le dîner un couvert de plus. Ce couvert était destiné au colonel Bourras qui devait être fait prisonnier.

On sait de quelle façon brillante Bourras sut déjouer les prévisions du général allemand.

Bien au contraire, la compagnie prussienne chargée de contourner l'aile droite du corps franc, rejetée, par une habile manœuvre du capitaine de Perpigna, sur le territoire suisse, fut désarmée et internée.

cavaliers, Javoine, reçut dans la main une blessure qui nécessita l'amputation.

Le corps franc était extrèmement fatigué. A la nouvelle de l'arrivée d'un bataillon de mobiles venant de Saint-Hippolyte, il se mit en mesure de passer le Lomont et de gagner Saint-Hippolyte en passant par Montecheroux et Chamerolles.

Le 20, le colonel reçut ce télègramme du ministre, lequel probablement avait eu avis du gouvernement suisse que la neutralité n'était pas assez respectée.

TÉLÉGRAMME

Pour Pont-de-Roide de Bordeaux,

Guerre à colonel Bourras, corps francs-tireurs, Pont-de-Roide.

« 20 janvier 1871 à 4 heures 20.

« Respectez absolument la neutralité de la Suisse et ne lancez aucun projectile sur son territoire. Je verrai s'il est possible de régulariser la nomination du capitaine Godard, conservez cet officier provisoirement.

Signé : « HACA ».

Les 20 et 21, à Saint-Hippolyte, on laissa reposer les troupes.

Sur l'invitation faite par le général commandant le 24ᵉ corps de l'armée de l'Est, qui se trouvait le 21 à Pont-de-Roide, les compagnies franches se mirent en marche le 22 et occupèrent le même jour Villars-de-Blamont, avec ordre de surveiller la frontière suisse, que les gardes mobiles commençaient à franchir en désertant avec armes et bagages, et d'occuper Dannemarie. A Glay et Blamont étaient cantonnées des compagnies du régiment de marche.

A leur arrivée, un sous-officier de la 16ᵉ, le nommé Barabino, demanda à faire une reconnaissance à Abbevillers, où il avait laissé quelques effets; quelques coups de feu furent tirés sur une patrouille prussienne qui sortait du village; un ennemi fut tué, mais, pendant que le sous-officier le dépouillait de ses armes, il fut lui-même tué sur le cadavre.

Les escarmouches se succèdent. On apprend qu'un armistice a été conclu. Mais il ne concerne pas l'armée de l'Est ! En discourant, en paperassant, on l'a oubliée ! ! !

Nous voici maintenant au bout du calvaire.

On apprit à Pontarlier que les troupes françaises qui venaient de passer dans cette ville se dirigeaient vers la frontière suisse.

Le corps franc prit la route de Verrières

sans attendre deux compagnies en retard qui, malheureusement, perdirent la trace du bataillon et suivirent le mouvement en Suisse.

La colonne put arriver avec la plus grande difficulté, en coupant les files d'hommes et de voitures, jusqu'au delà de la Chise. On voyait venir, par la route, des régiments entiers de cavalerie et d'infauterie encombrés par des bagages de toutes sortes qui aidaient encore à l'enchevêtrement général. Les chevaux crevaient sur place de froid, de fatigue, d'inanition. Le déscrdre était indescriptible.

Les officiers de cette armée en déroute assuraient le colonel que Chaux et même Mouthe étaient occupés par les Prussiens.

La vue de ce navrant spectacle jetait tout le bataillon dans une morne douleur. On voyait sombrer la dernière armée de ce malheureux pays, qui restait sans défense devant un ennemi impitoyable.

Le colonel, doutant encore de ce qui lui était assuré par les fuyards, et voulant se rattacher à la dernière lueur d'espoir, ordonna la continuation de la marche en avant, en tournant le dos à la frontière.

On se dirigea vers les Hôpitaux-Neufs, puis, tournant sur la droite, l'on vint camper à Métabief vers trois heures de l'après-midi.

Le colonel, aux acclamations enthousiastes des officiers qu'il réunit, déclara qu'il n'irait pas en Suisse.

« L'armée de l'Est n'est plus, leur dit-il. On nous demande de passer en Suisse avec elle. La frontière est proche : pour nous, pour nos soldats, c'est la sécurité, c'est la fin des maux, c'est la vie facile. J'estime que c'est la honte.

« Il y a une autre route : elle est pleine de périls ; il faudra marcher sans cesse dans la neige, sans pain ; mais, au bout de cette route, —et le colonel montrait le sud — c'est la terre encore libre, où nous pourrons combattre. C'est l'honneur.

« Messieurs, vous êtes libres de choisir. Moi, je ne me rends pas, même à un pays ami. »

L'on décida de s'ouvrir un passage par Mouthe.

On trouva quelques pommes de terre et un peu de biscuit abandonnés par les fuyards sur la route de Chise.

Quelques officiers, entre autres MM. de Lisac et Marquiset, s'offrirent avec le plus grand dévouement à aller aux nouvelles dans toutes les directions et surtout du côté de Mouthe.

Vers neuf heures du soir, on apprit que Mouthe n'était pas occupé et qu'il n'était pas même certain que Chaux-Neuve le fût.

8.

Le départ fut fixé pour minuit.

Les hommes furent rassemblés à onze heures du soir. On leur fit connaître la situation dans cet ordre du jour :

ORDRE

« Toutes les compagnies stationnées à Métabief seront réunies à minuit très précis, prêtes à partir. Les capitaines ne devront faire exécuter aucune sonnerie de corne ou de trompette : défense expresse. — Prière aux capitaines d'être bien exacts à l'heure indiquée. Le colonel a été satisfait de la marche d'aujourd'hui. Demain, marche longue et fatigante. Le colonel compte sur le dévouement de tous officiers et soldats pour mener à bonne fin l'entreprise de la délivrance. Si, parmi nous, il en était qui pussent préférer l'esclavage ou l'exil en Suisse à l'honneur de porter dignement le drapeau de la France, malgré toutes les fatigues, le colonel les autorise à laisser là leurs armes et à suivre les exemples de lâcheté qu'ils ont sous les yeux depuis deux jours.

« Touillon et Loutelet, le 1ᵉʳ février 1871.

Le colonel,

Signé : « A. BOURRAS. »

Le corps franc, électrisé par son colonel, reprit sa marche. Les hommes s'avançaient dans le plus grand silence, marchant l'un derrière l'autre.

Les officiers allaient à pied, les chevaux ayant été mis à la disposition des blessés.

A chaque instant, l'on rencontrait des troupes de ligne en régiments entiers, des compagnies de mobiles, des soldats débandés. Tous s'étonnaient de voir ces quelques centaines d'hommes marcher vers l'ennemi, auquel eux-mêmes tentaient d'échapper en se réfugiant en Suisse.

Le corps, après avoir marché toute la nuit, arriva à Mouthe le 3 ; la population lui fit un accueil sympathique. Là se trouvaient de trois cents à quatre cents zouaves, commandés par le général Gourie, du génie, qui décidèrent de suivre le bataillon dans sa marche en avant.

Après un repos de quelques instants, la colonne repartait dans la direction de Chaux-Neuve, où se trouve le point de croisement des routes de Chapelle-aux-Bois et des Planches.

Les soixante cavaliers qui accompagnaient la colonne furent formés en peloton pour fondre sur Chaux-Neuve, qu'on apprit être occupé par les Prussiens. Les cavaliers reçurent l'ordre de s'emparer à tout prix d'une maison de ce village.

A l'arrivée des éclaireurs, quelques cavaliers prussiens se retirèrent précipitamment vers Chatel-Blanc, à 2 kilomètres de là.

Les compagnies, en arrivant à Chaux-Neuve, se formèrent sur deux rangs pour permettre à la queue de s'avancer, et, dès que l'on vit les zouaves qui marchaient derrière la colonne, l'on repartit.

Le corps franc atteignit Chapelle-aux-Bois vers deux heures.

Les hommes étaient exténués de fatigue. Mais, de crainte que les compagnies de grand'-garde ne se livrassent au sommeil, malgré le voisinage de l'ennemi posté à Foncine, le colonel fit appel à la bonne volonté et à l'énergie de ses hommes, et, après à peine une heure de repos, et malgré l'assurance des paysans, qui prétendaient que le passage du mont Risoux avait été rendu impraticable à cause de la grande quantité de neige, l'on se dirigea vers cette montagne. On n'avait d'ailleurs pas le choix, car toute la vallée de Foncine, au-dessous de Chapelle-aux-Bois, était occupée par l'ennemi.

Epuisés par la fatigue, la faim et le froid, les francs-tireurs entraient dans le village de Bois d'Amont vers onze heures du soir.

Quelques hommes qui s'étaient laissés gagner par le sommeil, lorsque, sans forces, incapables de continuer la route, ils s'étaient étendus sur la neige, moururent gelés.

Vers minuit, l'on distribua des billets de logement à la lueur de nombreuses lanternes, et, faisait remarquer le colonel, « jamais ceux qui assistaient à ce spectacle ne pourront oublier le profond contentement que reflétaient les figures fatiguées et amaigries de ces braves gens, qui paraissaient remercier leurs officiers de leur avoir épargné le triste sort de leurs camarades de l'armée de l'Est. »

Toute la journée du 5, les hommes se reposèrent à Bois-d'Amont.

Le colonel chargea MM. de Lisac et Salmon d'organiser le transport des compagnies par voie ferrée.

Ils reçurent à cet effet l'ordre suivant:

« M. l'Intendant Salmon et M. de Lisac, lieutenant d'état-major, s'entendront avec le chef de station de Collonges pour assurer le transport du corps franc des Vosges par chemin de fer. L'infanterie et la cavalerie arriveront à la station dans l'après-midi du 5 février. Le transport sera effectué immédiatement par train de Collonges à Bourg.

« Bois-d'Amont, 3 février 1871.

« *Le Colonel,*

« Signé : « BORRAS.»

Le bataillon quittait Bois-d'Amont le 4 février. Pendant qu'il suivait la route frontière des Rousses et de la Faucille, les Suisses, de l'autre côté de la frontière, assistaient au défilé en saluant et acclamant.

Après une marche très pénible, on arrivait à Gex, dont la population fit un accueil très chaleureux. Elle distribua aux hommes des vêtements, du linge, et leur offrit une large hospitalité.

Ce même jour, M. de Lisac envoyait la dépêche suivante :

Pour Gex, de Bellegarde, de Lisac à colonel Bourras

« Impossible d'avoir train spécial demain soir. Il ne sera fourni qu'après-demain matin. Dès que je connaîtrai l'heure, je vous en aviserai. Le bataillon s'embarquera à Collonges. La cavalerie devra prendre le train à Bellegarde. Impossible de faire voyager francs-tireurs et chevaux par même train. Le bataillon trouvera aisément à loger demain soir à Collonges, pourvu que le logement soit fait de bonne heure. Bourg et Ambérieu sont déjà bien encombrés. — Une fois train obtenu, il sera dirigé sur Bourg ou tout autre point que le colonel désignera au dernier moment. »

Le 5, le corps franc resta à Gex et les localités voisines.

Le colonel reçut une première dépêche de M. de Lisac qui annonçait au colonel qu'un train serait mis à sa disposition.

Gex, de Bellegarde, lieutenant d'état-major à colonel Bourras

« Train spécial attendra le bataillon à Collonges et devra quitter à midi la station du chemin de fer. Chef de gare ne pourra indiquer avant demain matin l'heure du départ du train spécial qui prendra la cavalerie à Bellegarde. La cavalerie ne pourra très probablement partir que mardi matin. Elle trouvera à se loger à Bellegarde. Le bataillon arrivera à Collonges assez tôt pour être embarqué à midi. Bourg pas encore fourni renseignements demandés. »

Quelques heures après, une seconde dépêche apprenait au colonel que, devant l'impossibilité où se trouvait la ville de Bourg d'assurer le logement des hommes à cause de la grande quantité de troupes qui s'y trouvaient déjà, le commandant de la subdivision avait indiqué Saint-Rambert pour cantonnement au corps franc.

Voici cette dépêche :

Gex de Bellegarde.

Lieutenant état-major à colonel corps franc
des Vosges

« Maire de Bourg répond à l'avis de votre arrivée probable : impossible de loger à Bourg et aux environs. Communiqué dépêche au commandant subdivision de l'Ain, qui vous assigne Saint-Rambert en Bugey pour cantonnement.

« Le général télégraphie même chose :

« Train reste assuré pour demain à Collonges. Si vous êtes forcé de conduire bataillon à Bourg, télégraphiez à intendant, hôtel de France, à Bourg, qui avisera à loger votre monde. Si vous allez à Saint-Rambert, assurez logement par télégraphe. Intendant maintient son avis pour Bourg, où il arrivera ce soir. »

A la suite de ces renseignements, le colonel se décida à conduire son corps à Saint-Rambert, où il arriva le 6.

Le lendemain, il partait pour Lyon, auprès du général Crouzat, après avoir confié le commandement à M. Cler.

Le ministre écrivait à cette date :

Guerre à colonel Bourras, à Bourg.
(faire suivre Saint-Rambert.)

7 février 1871.

« Vous continuerez jusqu'à nouvel ordre à couvrir Lyon au Nord.

Signé : « HACA. »

Le colonel Bourras reçut le 8 février l'ordre de faire voter le corps franc pour les élections à l'Assemblée nationale. A cet effet, il envoyait immédiatement la dépêche suivante :

De Lyon pour Saint-Rambert.

Le 8 février 1871.

Bourras à capitaine Cler, Saint-Rambert.

« Faites voter le corps franc. Chacun exprimera son vote avec la plus entière liberté.

« Le corps franc partira demain pour Trévoux, très probablement. Recevrez instructions ce soir. »

Le soir, une dépêche fixa l'heure de départ du corps.

De Lyon pour Saint-Rambert.

Le 8 février 1871.

Colonel corps franc à capitaine Cler
à Saint-Rambert

« Toutes les compagnies rendues demain matin à six heures à la gare pour s'embarquer pour Trévoux. Perpigna parti ce soir pour rejoindre Marquiset viendra me parler immédiatement à Lyon. »

Conformément à ces ordres, le corps se rendit le lendemain, 9 février, à Trévoux.

Ainsi se termina cette belle retraite, si pénible et si glorieuse, et qui peut compter comme l'une des plus belles pages de cette campagne, si féconde, pour le corps franc, en faits héroïques.

Arrivé sur la frontière même, au moment de franchir cette barrière derrière laquelle il aurait trouvé le repos, le bataillon, entraîné par Bourras, refusa de chercher un refuge en Suisse, lorsque cependant tout l'y conviait ; la perspective de nouvelles fatigues plus accablantes que celles qui avaient précédé ; le manque total de vivres ; un froid terrible qui avait d'autant plus de prise sur les hommes que, mourants de faim, ils avaient leur équipement dans un tel état de délabrement que la plupart n'avaient plus que des habits en loques.

Un fait d'un ordre moral aurait cependant, plus même que les causes matérielles, dû agir sur l'esprit des hommes, avec une rapidité foudroyante, de façon à leur interdire même l'irrésolution : la panique.

Partout autour d'eux, dans les villages que l'on traversait, sur les routes encombrées de fuyards qui, dans leur course insensée, allaient quelquefois jusqu'à refuser de les laisser passer, de peur d'un retard, partout régnait l'affolement.

La vue de cette débâcle n'eut aucune prise sur les hommes, trempés par plusieurs mois d'efforts incessants, conduits par un chef qui avait su leur inculquer cette grande qualité guerrière : rester stoïque au milieu des plus rudes catastrophes.

Quant aux privations, ils y avaient depuis longtemps été habitués. Les nombreuses nuits sans sommeil suivant des jours de marche continue les avait rendus durs à la fatigue. C'est pourquoi, trois jours durant, ils marchèrent sans répit, s'arrêtant à peine quelques heures pendant les trois nuits, car il ne fallait pas se laisser surprendre par le sommeil, à cause du voisinage des Prussiens.

Pendant la montée du mont Risoux, les routes étaient si glissantes que certains hommes, à différentes reprises, durent, pour pouvoir avancer, marcher avec un pied complètement nu.

Ainsi, l'armée régulière avait l'affreux malheur d'être forcée de se réfugier en Suisse.

Le corps franc des Vosges non.

Je n'ajouterai pas un mot de plus.

* * *

Après une marche des plus pénibles et des plus dangereuses, il parvint à échapper à l'armée allemande.

Le 24 mars, on commençait à le licencier, quand le colonel reçut tout à coup cet ordre du général Crouzat :

« Trévoux de Lyon, le 25 mars à 2 h. 50.

Colonel Bourras, à Trévoux.

« Rendez-vous de suite à Saint-Etienne avec ce que vous avez de meilleur dans votre légion, et mettez-vous aux ordres du général Savoye, qui se trouve enfermé dans la caserne d'infanterie ; le préfet et plusieurs citoyens ont été assassinés. Il faut des hommes de cœur et de dévouement pour rétablir l'ordre. Requérez le chemin de fer.

« Général CROUZAT. »

Immédiatement Bourras informa le général Crouzat qu'il pouvait accourir avec une soixantaine de cavaliers de l'escadron Wolowski qu'il avait sous la main, les compagnies étant ou parties ou désarmées. Le général lui répondit :

*Général Crouzat à colonel Bourras,
à Trévoux.*

« Lyon, 26 mars à 7 h. 30 du soir.

« Partez avec vos soixante cavaliers ; conduisez-les vous-même ; mais n'allez en chemin de fer que jusqu'à une certaine distance de Saint-Etienne. Vous irez à la caserne prendre les ordres du général Savoye, qui commande.

Signé : « Général CROUZAT. »

Cette dépêche fut immédiatement suivie de celle-ci, qui donnait à Bourras la mesure de ce qu'il était appelé à entreprendre.

Trévoux de Lyon, 26 mars à 8 h. 25 m.

*Général Crouzat à colonel Bourras,
Trévoux.*

« Prenez des précautions en arrivant près de Saint-Etienne. Gardez-vous, comme à la guerre ; et c'en est une, et des plus sérieuses.

Signé : « CROUZAT. »

Bourras arrivait dans l'après-midi du 27 à la caserne où se trouvait le général Savoye.

Le 28 au matin, l'hôtel de ville fut occupé par les troupes, sans coup férir, et, le soir, le colonel repartait avec son détachement et arrivait à Trévoux le 31 mars.

Le 1ᵉʳ avril, le licenciement était entièrement terminé.

Quelques jours auparavant, les officiers, réunis dans un banquet offert à Bourras, présentèrent à celui-ci, au nom de tout le corps franc des Vosges, un sabre d'honneur comme témoignage d'estime et d'admiration.

. .

La guerre civile venait d'éclater dans la région, et pour la réprimer, c'est au colonel du corps franc des Vosges qu'on s'adressait.

Décidément, il faut avouer que les francs-tireurs avaient du bon, malgré le dénigrement d'alors et d'aujourd'hui. Les faits valent mieux que les théories.

Je n'ai même pas voulu m'arrêter aux actes d'héroïsme qu'ils ont accomplis, me bornant à esquisser, à rappeler à grands traits, la marche suivie par eux, leur histoire, jusqu'à leur fin si honorable, si exceptionnelle, au milieu de la débâcle.

Je ne puis terminer ce travail succinct sur nos « irréguliers » sans rappeler le grand et noble rôle joué à Lyon par Bourras, qui, nommé général de la garde nationale et chargé de la réorganisation de celle-ci, sut, à force de tact et d'énergie, préserver la seconde ville de France des plus affreux malheurs. Ce fut le couronnement de sa belle carrière.

*
* *

Je me permets d'ouvrir ici une parenthèse pour expliquer nettement et simplement la pensée qui m'a fait entreprendre ce travail.

Je ne veux nullement m'occuper de politique, parce que cela ne m'avancerait à rien, et surtout parce que ce serait souverainement déplacé de ma part, à moi étranger.

Mais je juge être dans mon droit strict et indiscutable en abordant un sujet qui ne concerne que le bien, la défense et la sécurité de ma patrie d'adoption.

Je suis certain, dans ma conscience, de faire mon devoir, dussé-je être en désaccord avec beaucoup, et m'exposer à bien des critiques.

C'est ma conviction inébranlable que j'expose brièvement. Rien ne me fera varier dans ma façon de voir.

On s'arme, on se prépare depuis 1871 !

L'Allemagne ayant une armée de 486,000 hommes, augmente son effectif permanent de 90,000 hommes !

A qui veut-on faire admettre que ces énormes

sacrifices sont faits en vue de la paix ? Y croire serait enfantin.

Donc il y aura une guerre, guerre terrible, à la vie, à la mort !

Du résultat de la prochaine guerre dépendra le sort de l'Europe, du monde peut-être, mais c'est la France qui me préoccupera, surtout, dans cet ouvrage.

De notoriété publique, jamais guerre n'a été engagée d'une façon aussi inouïe, aussi merveilleuse dans son genre, que celle de 1870.

Si on avait mis à bien manœuvrer la centième partie du soin qu'on a consacré à accumuler fautes sur inepties, on aurait mené une campagne idéale, un chef-d'œuvre sans exemple dans les fastes de l'histoire.

Voilà un pays qui devait ses succès prodigieux, sa gloire militaire extraordinaire, à une tactique bien simple, mise généralement en pratique surtout par Napoléon Ier : tomber, toujours en force, sur un ennemi disséminé.

Or, quand, après avoir victorieusement parcouru l'Europe entière, il est attaqué, envahi à son tour, que trouve-t-il, lui, l'inventeur (si je puis employer ce mot) de ce procédé si sûr, si utile ? Il éparpille ses troupes sur la frontière, les espaçant de façon à ce qu'elles soient hors d'état de se prêter main forte le cas échéant, si bien que l'une, isolée, essuyant fatalement un échec et étant forcée à une reculade, les autres sont naturellement amenées, sans être au courant de rien, sans avoir rien vu, rien su, rien entendu, à battre en retraite, sous peine d'être débordées et tournées !

Ce sont les autres qui profitent de la leçon donnée si durement par lui, et lui qui, bénévolement, follement, commet, en les amplifiant comme à plaisir, les erreurs auxquelles il doit ses victoires d'autrefois !

Il y a eu, certainement, un souffle de vertige, de fatalité aussi, sur ces événements. On a perdu la tête, ce qui est pire qu'une faute dans un cas pareil. Rien de plus. C'est déjà beaucoup trop.

Ces « étrangetés » ne se reverront pas. Heureusement.

*
* *

Il faudrait pourtant bien comprendre que quand deux adversaires sont en présence, il y en a forcément un qui aura l'avantage, que le vaincu du jour n'est nullement déshonoré ni perdu pour cela, et que son unique préoccupation doit être de chercher froidement à prendre sa revanche à un moment donné. Personne, jamais, n'a été ni ne sera voué à la victoire à perpétuité. Et il est criminel, stupide, de jeter le manche après la cognée.

On a trop vite fait, ici, de crier à la trahison.

C'est effrayant comme résultat.

Eh ! non ! on ne trahit pas tant que cela. On est trahi par le sort de la bataille, voilà tout. Le dieu de la victoire abandonne toujours un des deux combattants.

Combien ai-je vu, et je ne suis malheureusement pas le seul, de lâches crier ce blasphême — utile pour eux — hurler « sauve qui peut! » et se sauver sans avoir tiré un coup de fusil, sans même avoir vu le feu !

Comme il est certain qu'à la prochaine guerre, ce désarroi n'existera plus, il faut bien compter que les misérables de cette sorte — habituellement de beaux parleurs — seraient immédiatement passés par les armes, quel qu'en fût le nombre.

Il faut des exemples sans pitié, ni merci.

Il ne faut plus — pour ne citer que deux faits navrants — qu'un général, appelé en soutien par son collègue trop engagé, puisse répondre : « Il est dans... le pétrin ? Qu'il y reste ! »

Il ne faut plus qu'un chef de corps puisse laisser établir des batteries par l'ennemi à deux cents mètres de son camp, établi dans un bas fond, sans grand-gardes, sans même de sentinelles, et, averti, sachant, à moins d'être fou à lier, qu'il est entouré, suivi pas à pas par l'envahisseur, fasse tranquillement démonter les fusils pour une revue d'armes, envoyer les chevaux à l'abreuvoir et les hommes en corvées.

La cour martiale est là.

Et qu'il ne s'agisse pas de relations mondaines, de camaraderie, d'esprit de corps, pour essayer de sauver les coupables, les imprudents, les négligents.

Le salut, l'honneur de la patrie sont en jeu, et bien au-dessus de ces piètres considérations.

Il importe d'avoir le cœur haut placé et de s'attendre toujours à un insuccès pour pouvoir y parer ensuite, et non pas de s'imaginer à l'avance qu'on n'a qu'à paraître pour être vainqueur et s'exposer à une désillusion terrible, dont les conséquences sont de faire tourner une simple retraite en déroute et la déroute en catastrophe irrémédiable.

Faire son devoir, absolument, complètement, rien de plus, tout est là. Et, à cette condition. rien ne sera jamais perdu — au contraire - dans ce pays si plein de ressources.

Les Turcs ont fini par céder dans leur dernière lutte contre les Russes, c'est vrai. Mais ne se sont-ils pas illustrés à jamais ? N'ont-ils pas soulevé l'admiration du monde entier ?

Et pourtant leurs moyens de résistance étaient presque nuls, leur misère, leur détresse, connues de tous.

De quoi donc serait capable un peuple riche, déterminé, et militaire par nature, par tradition?

Après cette courte digression, j'arrive enfin à mon sujet.

Il est présumable que, dès le début des hostilités, la France sera envahie.

J'espère me tromper, mais je crois bien être dans le vrai, pour des raisons multiples dont l'énumération m'entraînerait trop loin.

J'admets donc cette hypothèse.

Les Allemands qui, malgré leurs avantages incroyables, fantastiques, de 70-71, malgré l'incommensurable suite d'événements fous qui leur ont aplani toutes les voies comme à plaisir, ont été si cruellement échaudés quand même, qu'ils ont une méfiance bien justifiée sur l'issue d'une nouvelle rencontre. C'est à tel point que, cette fois, ils se mettent à trois, — peut-être quatre, — nations, pour risquer l'aventure.

Ils entrent.

La question devient alors vitale.

Il est à supposer que, le moment étant sérieux, on nous fera grâce du patriotisme de pacotille, de brasseries et de cafés concerts, de phrases sonores et redondantes dont pas une ne vaudra un coup de fusil tiré à propos; qu'on se taira et qu'on agira.

Le reportage devrait disparaître entièrement pour tout ce qui concernera les opérations, les journaux n'ayant à publier que les notes officielles. (Ne pas oublier que c'est une indiscrétion du *Temps* qui a renseigné l'ennemi sur la situation de l'armée de Mac-Mahon, qu'il ignorait malgré la renommée, surfaite comme le reste, de son service d'informations.)

Les noms des francs-fileurs devraient être affichés, leurs biens confisqués et leur bannissement perpétuel déclaré.

On devrait — et c'est un point essentiel — pour éviter le retour de semblables hontes, sévir avec la dernière rigueur contre les trop nombreux misérables, paysans et autres, pour qui le mot Patrie n'a aucun sens, qui ne voient que leurs bénéfices, et, dans leur rapacité, gorgeant l'étranger de provisions, au détriment de leurs compatriotes, facilitent ainsi l'invasion.

On frémit quand on pense (il faut pourtant dire une bonne fois la vérité, surtout quand elle n'est un mystère pour personne) combien, à côté d'actes d'héroïsme, d'abnégation, il a été commis de turpitudes, d'infamies, par des êtres qui ne songeaient qu'à tirer profit du malheur et des souffrances des autres.

N'est-il pas grotesque, aussi, ce raisonnement qui a eu tant de succès parmi les bavards, au milieu de gestes éplorés : « Nous avons eu l'Allemagne *entière* sur les bras ! »

Est-ce que la France n'était pas là *entière* pour la recevoir ?

Assez de ces niaiseries qui écœurent et humilient !

Donc les coalisés pénètrent sur le sol.

L'armée régulière les reçoit. Je n'ai pas à m'occuper de cela.

Ce qui me préoccupe, et c'est là que je veux en venir, c'est ceci :

Les hommes qui, *légalement*, ne sont pas astreints au service, auront-ils le droit et la facilité soit de déplorer, les pieds sur les chenets, les revers possibles, soit de suivre avec enthousiasme, sur des cartes, les succès probables de ceux qui se font tuer?

Voilà ce qui est inadmissible, ce qui ne peut être.

Il faut bien se pénétrer avant tout de cette conviction qu'il s'agira de l'existence du pays; que les dégâts inévitables à rembourser par la suite, après les hostilités, *coûleront beaucoup moins cher* que l'indemnité à payer à l'ennemi et que les pertes de territoire en cas de défaite ; qu'une ville, un bourg, un village, qui se défend jusqu'au bout, ne fait que son devoir strict, tout en sauvegardant, en somme, l'intérêt général et le sien propre.

Les femmes aussi ont leur tâche, toute tracée : les soins aux blessés, la confection des habillements, etc.; ce n'est pas l'ouvrage qui leur manquera.

Mais les hommes ?

Est-ce qu'il n'est pas tout indiqué que tout ce qui peut se tenir debout doit être armé et défendre son village, sa maison, les bois, les défilés ? Est-ce que chaque ennemi tué n'en fait pas un de moins? Est-ce que devant une allure pareille, les choses ne changeraient pas du tout au tout Pensez-vous que l'envahisseur jou erait, comme il ne l'a que trop fait, de la menace de brûler et de piller les territoires qui ne se livrent pas piteusement à sa dévotion? Ces menaces sont plus difficiles à exécuter qu'à proférer.

Le temps n'est plus où on pouvait béatement dire que les habitants ne sont pas belligérants. Tout le monde devrait, devra, être combattant, jusqu'à ce qu'un des deux peuples ait mangé, anéanti, supprimé l'autre.

Et qu'on ne dise pas que c'est une utopie, un projet irréalisable.

Est-ce que pour les Russes brûlant Moscou, coulant, plus récemment, leur flotte à Sévastopol ; est-ce que pour les Espagnols venant à bout, à force de courage et d'opiniâtreté, des armées de Napoléon ; est-ce que pour les Chinois, Tonkinois (qu'on appelle dédaigneusement pirates) les nègres, les Dahoméens, luttant à outrance, venant se faire tuer à cinq pas des fusils à tir rapide, que l'on ne peut, soi-disant, aborder qu'à plusieurs kilomètres de distance ; est-ce que pour ces braves gens, défendant leur pays, et s'inquiétant peu s'ils sont administrativement, minutieusement, incorporés, c'est ou c'était une utopie?

Et les Français n'en pourraient pas faire autant? A qui essaiera-t-on de le faire croire?

J'accorde qu'il y a eu, en 1870, des désordres, pis peut-être, dans certains corps-francs, mais cela tient à la précipitation, au manque forcé d'ordre dans leur organisation. Je sais aussi les services que nombre d'entre eux ont rendus, — quoiqu'on en ait dit, — souvent systématiquement — par l'unique raison qu'ils sortaient des sentiers battus, du convenu, de l'habitude.

Je ne peux entrer dans de longs détails à l'appui de mon idée, idée fixe, indéracinable, ni m'appesantir sur les moyens de la mettre à exécution. Cependant il me sera permis d'ajouter en quelques mots que chaque chef-lieu d'arrondissement, même de canton, pourrait centraliser, unifier le commandement, fournir les armes et les munitions à ces hommes, bien tenus en main et ne devant jamais s'éloigner de chez eux, de leur territoire.

Il y a dans les arsenaux des pièces d'artillerie, des mitrailleuses, des fusils chassepot et Gras, des gargousses, des cartouches qui ne font rien, et dont l'emploi alors, serait tout trouvé, plus qu'utile, à mon sens, et ne coûterait pas un centime.

Guerre de partisans, alors? Pourquoi pas?

Guerre de patriotes, en tout cas.

Loin de moi l'idée de faire participer ces combattants à une action générale quelconque, de leur faire livrer la moindre bataille.

Il est clair qu'ils ne tiendraient pas une heure devant une troupe régulière, et l'on ne sera jamais assez pour risquer la moindre perte inutile.

Mais en leur adjoignant, — suivant les localités, — les gendarmes, les gardes-forestiers, les douaniers, on harcèle perpétuellement, l'ennemi, on surprend ses convois, ses détachements isolés, on enlève ses traînards, on le décime, on lui tend de continuelles embuscades et on l'empêche d'avancer, comme jadis, en vainqueur, presque sans coup férir, insolent, en rançonnant, menaçant, agissant en maître.

Si les récoltes souffrent, cela vaudra toujours mieux que de les lui abandonner avec la terre qui les porte.

D'ailleurs les individus hors d'état, réellement, de porter les armes, peuvent s'en occuper avec les femmes et les enfants suffisamment forts.

On a là de quoi utiliser les bonnes volontés, bien nombreuses, de ceux qui, sans faux chauvinisme, ont le sentiment et le culte de la patrie.

Ce sera aussi une occasion de connaître, de mâter, de briser impitoyablement « les autres », les philosophes, les raisonneurs, les couards, ceux qui se soucient peu d'être menés à coups de bottes par l'étranger, d'être Français ou Chinois, pourvu qu'ils vivent tranquillement et gagnent de l'argent.

Et, à ce propos, n'est-il pas excessif de taxer d'héroïsme une ville qui s'est défendue contre un siège ? C'est honorable, voilà tout, c'est son devoir.

Que devait-elle donc faire ? Se rendre tout de suite ?

A ce compte-là, puisque la guerre est une monstruosité, ce que personne ne conteste, dont le plus beau résultat est de faire massacrer de pauvres garçons qui n'en peuvent mais, il serait plus *raisonnable*, à première réquisition d'un voisin désagréable, de lui donner l'argent et les provinces qu'il demande.

De cette façon chacun continuerait son commerce, ses moissons, ses vendanges, il n'y aurait pas d'effusion de sang, pas de deuils, pas de ruines. Ce serait la sagesse même.

Eh bien! qui oserait faire une proposition aussi pondérée?

Donc, la guerre, cette chose stupide, sauvage, éclatant, il faut la faire jusqu'au bout, et non en employant des demi-mesures. Qu'ont à faire la régularité, la forme, la réglementation méthodique dans cet égorgement, dans (disons le mot) cet assassinat gigantesque ?

Qu'on ne s'y trompe pas, l'armée active, la territoriale et sa réserve, avec laquelle il faudra compter, seront vite employées jusqu'au dernier homme pour tenir la campagne, surtout si, selon toutes probabilités, le pays est menacé de plusieurs côtés à la fois.

Qui défendrait partiellement, chacun chez soi, son bien, sa commune, son territoire, sinon les partisans ?

Et si l'ennemi ne reconnaissait pas ceux-ci comme belligérants, ce serait à charge de revanche.

Malheureusement, quand le danger sera là, pressant, — seulement alors, c'est à craindre, — on trouvera mon projet possible, tandis qu'actuellement, comme il sort des usages, des coutumes, il ne peut que faire hausser les épaules aux gens compétents.

On se hâtera, on discutera : il y aura des enquêtes, des contre-enquêtes, des rapports, des commissions, des sous-commissions. Il sera bien temps !

Gambetta, le prétendu *fou furieux*, et qui n'était ni l'un ni l'autre, avait, pour tout tenter et faire pour le mieux, deux raisons : son patriotisme sincère et le désir de profiter de l'occasion, qui lui était offerte, pour se faire un nom dans l'histoire. Pourtant il a commis la faute, l'erreur, de vouloir continuer une guerre régulière dans son pays envahi. Il était, il est vrai, pris au dépourvu. Sans cela, avec l'appoint de son ardeur, de son enthousiasme, de son autorité, il eût infailliblement lassé, épuisé, les Allemands déjà bien fatigués, en employant, comme guerillas organisées, les conscrits qu'il était contraint d'envoyer non exercés, à peine équipés, à un échec certain, malgré leur bravoure, contre des troupes solides et victorieuses.

Encore une fois, quand je songe que les

Prussiens sont entrés par toutes les issues, à leur aise, qu'on leur a même laissé libre accès par les Vosges (!!!) sauf les rares petits combats tardifs de la Bourgonce et de Brouvelieures, j'ai la conviction, qu'à l'avenir, des hommes du pays, connaissant bien les routes, déterminés, bien embusqués, leur opposeraient une résistance sinon invincible, longue, du moins, et tenace, qui permettrait à l'armée régulière de manœuvrer sans à-coup.

Il est oiseux de récriminer sur le passé, ce qui n'avance à rien qu'à prendre ses précautions pour plus tard, autant que possible.

Or, je soutiens qu'une résistance générale sur tous les points, grands et petits, aurait arrêté, gêné, énervé la marche de *Unser Fritz*, et l'aurait empêché de rejoindre à temps l'armée de Châlons à laquelle elle aurait, à tout le moins, donné l'éveil, et qui, malgré ses tergiversations inouïes, ses marches, ses contre-marches, ses longues haltes incompréhensibles, se serait dirigée sur un point déterminé, Paris ou Mézières, et ne se serait pas fait acculer à Sedan. Au lieu de cela, le prince Royal courait à droite et à gauche, sans être aucunement inquiété, comme chez lui.

Je parlais plus haut de la résistance des Espagnols, des Russes, etc. On m'objectera que

la France est un pays incomparablement plus
riche, et risquant de perdre beaucoup plus. A
cela, je répliquerai toujours: — Raison de
plus pour le défendre et ne pas se le laisser arracher.

D'ailleurs l'Espagne n'était pas si pauvre que
cela, et ne regardait pas à sacrifier ses cités les
plus belles, ses monuments les plus merveil-
leux.

La Russie a ses plaines arides, immenses,
d'accord. Mais elle avait Moscou, ville de la
grandeur de Paris, pleine d'édifices somptueux,
de magasins richissimes, regorgeant des pro-
duits du monde entier. Elle l'a brûlé, et sauvé
la patrie.

Cela vaut bien quelques champs, quelques
vignes et quelques bourgs, qui, très probablement, ne courraient pas grand risque, car devant une guerre implacable, sans merci, on y
regarde à deux fois, même à trois.

Bref, et pour terminer, je n'ajouterai que
deux mots.

Au Mexique les guerillas ont eu raison des
armées régulières, en Espagne aussi, au
Tonkin même, cela n'en finit pas ; partout il
en a été, et il en sera de même, où les patriotes défendront leur sol. Je ne connais pas
d'exemple du contraire. Et vous ?

Je ne peux parler de la Pologne. On était si peu ! un pygmée contre un colosse. — Et pourtant que d'efforts il a fallu ! Et pas d'armée régulière !!

La France est-elle dans ce cas ?

Mon idée, en somme, à bien suivre ce qui s'imprime et se dit un peu partout, est partagée par bien des gens. Mais si le principe général part, à peu près, du même point de vue, il n'en est pas du tout de même du mode d'emploi de ces forces nouvelles, que j'envisage d'une façon diamétralement opposée aux projets mis en avant jusqu'ici.

En 1870-71 les Francs-Tireurs organisés sur divers points du territoire, et, en dernier lieu, armés, encouragés, par Gambetta, dépendaient de la direction de l'armée, du général opérant dans la région.

Ils servaient de flanqueurs, d'éclaireurs. C'était leur but, leur raison d'être.

Actuellement il a été, il sera encore probablement question de créer des compagnies franches dans les régiments, auxquelles serait attribué un rôle identique à celui-là.

L'idée est, sans contredit, excellente. Mais ces compagnies ne seront jamais qu'une annexe, une subdivision, une parcelle des corps actifs auxquels elles resteront indissolublement liées, comme un bataillon tient à son régiment, celui-ci à sa brigade et ainsi de suite.

Les adversaires de cette innovation mettent en avant un singulier argument: sous prétexte d'*égalité*, ils ne veulent pas entendre parler de troupes spéciales, d'armes d'élite.

Encore des mots, des phrases, qui sonnent bien... et c'est tout.

Alors, en suivant ce raisonnement, pourquoi maintient-on les chasseurs à pied, les zouaves, les turcos ?

Cela ne se discute pas.

Ce que je souhaite, moi, ce que je désire ardemment, c'est que l'on emploie utilement, efficacement, les hommes qui n'appartiennent pas légalement à la mobilisation, et, aussi, qu'ils échappent, dans la mesure du possible, à la centralisation, qu'ils soient libres de coopérer à leur guise (bien entendu sous la conduite énergique de chefs régionaux) à la défense du sol.

C'est très beau, la centralisation, mais son excès, on ne l'a vu que trop souvent, est terriblement néfaste. Si l'on n'a pas confiance dans l'intelligence, le savoir, le patriotisme des généraux qui opèrent aux quatre coins du pays, et qui doivent être seuls juges des opérations à

tenter, étant sur place, voyant ce qui se passe;
si le pouvoir central, mais éloigné, au lieu de
se borner à leur avoir tout d'abord donné un
plan général de campagne, destiné à être forcément modifié selon les circonstances, et à les
tenir perpétuellement au courant des actes de
leurs collègues, s'obstine à leur dicter, à leur
imposer, leur conduite, on ne fera jamais qu'une
besogne mauvaise et désastreuse.

Il faut être là, au feu, pour savoir ce que
l'on peut tenter, et non dans son cabinet, à
cent lieues de distance, en faisant de la tactique au milieu de monceaux de paperasses.

Jamais l'histoire n'a parlé de tant d'écritures
pour Napoléon ou le grand Frédéric. Leurs
armoires de fer étaient renfermées dans leur
tête, et ils ne craignaient ni traîtres, ni espions.

Mes partisans, tels que je les conçois, tels que
je les vois, sont entièrement indépendants.
Leur seul objectif est de défendre avec acharnement leur région envahie, par tous les
moyens, de faire le plus de mal possible à
l'ennemi, de ne lui laisser ni repos ni trêve,
sans jamais accepter de combat, de disparaître pour revenir sur un autre point quand
la nécessité l'exige.

L'armée régulière venant chez eux, ils s'ef-
facent, à moins qu'on ne demande leur con-

cours, car un zèle intempestif pourrait avoir alors de graves conséquences.

En certains endroits même, on peut employer des cavaliers volontaires, à titre d'éclaireurs seulement, selon les ressources.

N'y a-t-il pas partout, indépendamment des anciens soldats, des terrassiers aptes à élever rapidement des ouvrages provisoires, à creuser des tranchées ; n'y a-t-il pas des bûcherons habiles à faire des abattis d'arbres, etc. ?

Mais avant d'admettre seulement en principe un projet semblable, si même on veut bien y prêter attention, il faudra passer par dessus la résistance, les dédains, les haussements d'épaules des hommes du « métier ».

A Dieu ne plaise que ma pensée soit mal interprétée, car j'ai pleine confiance dans l'énergie, la science et la soif de revanche des généraux actuels, mais leurs prédécesseurs, ceux de la malheureuse guerre, étaient aussi des hommes du « métier » et, qui mieux est, toujours victorieux jusqu'alors, en Afrique, en Crimée, en Chine, au Mexique, en Italie, partout où ils avaient combattu.

Et pourtant ?

Je ne veux guère me poser en prophète, c'est un exercice facile et peu sérieux qui ne me convient pas.

Il est cependant une chose qui crève les yeux aux plus obstinés, sauf aux philosophes en chambre, c'est que la guerre est inévitable et prochaine, plus peut-être qu'on ne le pense.

Il est évident que l'Allemagne, après son suprême effort pour mettre en ligne quelques centaines de mille hommes de plus que la France, ne pourra pas aller plus loin. Matériellement il lui sera de toute impossibilité de faire un pas de plus dans cette voie ruineuse et, de plus, ses associées, à bout de ressources, sont dans le même cas.

Elle est acculée à cette extrémité de tenter encore, désespérément, la fortune des armes.

Or, pour conquérir, dès l'abord, un avantage inestimable, elle ne regardera guère aux moyens, et se souciera aussi peu des traités que des usages établis : elle attaquera à l'improviste. On ne met pas de gants blancs pour aller assassiner son voisin, habituellement ; c'est « incorrect » mais logique.

Elle sait (au contraire de la France qui, ayant déclaré la guerre, a attendu qu'on l'envahît, toujours grâce à cette idée enracinée qu'on a éternellement du temps devant soi, et, certainement, à la paperasserie, à la bureaucratie, à la filière routinière et administrative) elle sait, dis-je, qu'il y a tout à gagner à opérer sur le territoire ennemi, quand ce ne serait que de vivre sur les approvisionnements de l'adversaire, et de n'avoir à redouter ni ruine ni incendie de ses propriétés, à soi, tout en ne se gênant pas à l'égard de celles de l'autre, au contraire.

Elle sait admirablement aussi que l'Angleterre, — la seule nation protectrice de la neutralité tant de la Belgique que de la Suisse, qui ne sera pas, dès le principe, du moins, entraînée dans la fournaise, — se gardera bien d'essayer de faire respecter par la force son engagement, sa signature ; qu'elle se bornera, si même elle va jusque-là, à une bénigne protestation, et qu'elle ne songera qu'à faire du petit commerce, à profiter, dans son intérêt strictement privé, de l'appauvrissement des belligérants, peut-être même à jeter quelque peu d'huile sur le feu, car plus cela durera, plus cela lui rapportera, et elle sera maîtresse du négoce européen.

Aussi la pure, la chaste, l'intègre Allemagne n'hésitera pas une seconde, en compagnie de ses alliés, à violer allègrement cette neutralité dérisoire, sans crier gare.

Aussi importerait-il de la prévenir dans cette voie.

La France violer la neutralité, fouler aux pieds les traités?

Préférerait-on que ce fût l'ennemi qui, moins rigoriste, plus pratique, s'acquît par ce moyen un avantage inestimable? Pourquoi le lui laisser?

Cache-t-il même ses projets? Non.

Et il faudra vraisemblablement commettre cette « illégalité » par prudence, par sentiment de conservation, par nécessité, du côté, du moins, où, depuis quelque temps il semble se jouer un singulier jeu; car, de l'autre, il en va tout différemment. Là on défendra sincèrement, bravement, l'intégrité du sol, sans compromission, sans donner prise à aucun soupçon, à aucune méfiance plus ou moins justifiée.

Le bon droit, certes, c'est énorme : mais quand l'observation outrée d'un sentiment peut être néfaste, faut-il tout lui sacrifier?

L'ennemi ne s'amusera pas à essayer de forcer l'entrée par ce qui reste des anciennes provinces ou les Vosges : ce serait de la naïveté, et c'est un défaut que personne ne lui reproche.

Ce qui est à redouter, c'est que la France, se trouvant dans une situation identique, et ne pouvant non plus aller se heurter contre les fortifications formidables de Metz et Strasbourg, ne se laisse prévenir, non par ignorance ou négligence, mais tout simplement pour avoir le bon droit de son côté.

Le bon droit, ici c'est de prendre les devants, si possible.

D'ailleurs aux yeux de qui?

L'Europe presque entière entrera dans la mêlée, dès le premier jour.

On sera chevaleresque, après, si l'on veut L'important c'est de sortir à son plein avantage de la lutte.

La fin de la guerre dépendra inévitablement des premiers chocs.

Il importe que la France ne compte que sur elle, sur elle toute seule. Il est de toute nécessité qu'elle obtienne un succès dès le début, 1° je n'ai pas besoin de dire pourquoi; 2° parce que ce sera le meilleur moyen de voir se réaliser les espérances qu'elle peut avoir. On ne sait pas assez combien le succès attire de sympathies au vainqueur et combien la défaite refroidit l'enthousiame à l'égard du battu.

Si, en en 1870, les premières affaires avaient tourné autrement, il n'est un secret pour personne que le Wurtemberg et la Bavière auraient montré plus que de l'hésitation, que l'Autriche, qui a la mémoire tenace, n'aurait pas mieux demandé que de prouver qu'elle se souvenait de Sadowa, que l'Italie même eût été moralement obligée de se montrer. C'était, alors, Victor Emmanuel qui régnait.

Mais devant les énormités qui se succédèrent, on ne peut franchement rien reprocher à personne, l'abnégation ayant fait son temps, surtout en politique.

De cette rapide digression il résulte à mes yeux que, une irruption inopinée, soudaine, étant à craindre, il est de toute première nécessité de s'occuper sans retard de cette organisation de levée de partisans.

Les millions de soldats de l'armée active sont prêts, soit. Mais ils auront fort à faire contre les millions de combattants qu'on leur opposera. Tout est relatif.

Et l'exécution de mon projet, mettant les corps francs tout à fait en dehors des opérations tactiques, régulières, ne serait une gêne pour personne, mais une sécurité de plus pour tout le monde.

Il n'est pas besoin d'être né dans un pays pour lui être foncièrement attaché, et pour considérer comme un devoir de l'aider, dans la mesure de ses faibles moyens, contre l'ennemi commun.

C'est ce que je fais.

Et quand je soutiens qu'on peut tirer un

immense parti des francs-tireurs ou assimilés
(le nom importe peu) je sais ce que je dis,
car je le sais non par théorie, mais par pratique.

Oui, il faut à tout prix que le premier avantage soit à la France.

Un échec risquerait d'avoir des conséquences épouvantables, irréparables peut-être !

Il démoraliserait quantité de gens, dont pas
mal ne chercheraient que cette occasion pour
s'enfuir et ne pas risquer leur précieuse existence ; il servirait les vues de certains pêcheurs
en eau trouble que l'on voit toujours surgir du
malheur public ; il réchaufferait le zèle de
certains alliés de l'ennemi qui, au lieu de ter-
giverser, d'atermoyer, pour attendre les événements, n'hésiteraient plus et se précipite-
raient à la curée, et, danger plus grand encore, amènerait vraisemblablement l'Angleterre, qui, au cas contraire resterait neutre,
comme je le disais plus haut, pour soigner ses
intérêts, à se mettre contre le battu.

Ce serait pour elle l'occasion d'anéantir les
forces maritimes de sa rivale et de s'assurer la
suprême puissance, sinon le monopole du commerce du monde.

Jointe aux flottes alliées, elle contribuerait
puissamment à la destruction des navires, des

ports, de tout le littoral de son adversaire sé-culaire.

Ce serait la famine à bref délai. Les posses-sions françaises, proches ou éloignées, seraient ruinées ou enlevées.

Sans doute, avant d'en arriver là, il y aurait une résistance acharnée, des prodiges d'hé-roïsme de la part de la défense.

Mais le courage individuel, même poussé à son paroxysme, n'est que le côté, indispensa-ble, sans doute, mais accessoire, anecdotique, dirais-je presque, si l'on pouvait employer cette expression dans de semblables conjonc-tures, de la question.

Tout est dans la direction, dans les précau-tions prises.

Les côtes sont-elles, sur toute la ligne, en état de résister victorieusement à une attaque ? Beaucoup en doutent, beaucoup le nient for-mellement.

C'est pourtant d'une importance vitale. Pour protéger les colonies, il est élémentaire qu'il faut une armée spéciale, « coloniale », s'ad-ministrant, s'armant, se nourrissant elle-même, disposant d'une flottille à elle, d'abord pour ne pas appauvrir les forces continentales et ensuite parce que celles-ci ne passeraient pas.

Au lieu de se hâter d'en finir, pour être à peu près tranquille de ce côté, on parle, quand on ne laisse pas la question de côté, on discute, on ergote sur des détails, on coupe savamment des cheveux en huit. Et le péril est là, tout proche, imminent !

On m'objectera que ceci n'est pas de ma compétence : je soutiens que c'est de la compétence de tout le monde, et que le droit à la préservation n'appartient pas seulement aux « spécialistes, » dont le devoir est, toutes éventualités prévues par eux aussi, de mettre en œuvre tous les moyens créés ou à créer pour lesquels on ne leur marchande pas l'argent, et aussi de prêter l'oreille aux murmures d'inquiétude, fondée, assure-t-on, qui circulent partout.

Si j'ai abordé rapidement ce sujet, c'est qu'il me semble que, là aussi, on pourrait utiliser comme partisans, les anciens marins, les pêcheurs ayant dépassé l'âge du service, pour veiller aux côtes de leur région et, au besoin, tenter des pointes en pleine mer, coopérer, en un mot, à la défense générale, en laissant aux troupes et aux marins de la flotte toute la liberté de leur action.

Et ce ne seraient pas les bonnes volontés qui manqueraient.

Il y a cent ans, « Vaincre ou mourir » était

le cri de la nation. Il sera plus justifié que jamais aux premières hostilités.

J'en reviens à ma thèse générale : la guerre de défilés, de bois, de buissons, d'embuscades, à côté de la guerre savante, et ne gênant en rien celle-ci, avec une discipline sévère, une direction suivie, émanant du chef-lieu de chaque département.

Partout il y a des officiers de tout grade, retraités, qui suffiraient amplement à cette tâche et ne seraient pourtant pas physiquement capables de reprendre un service dans l'armée active.

Il ne manque pas non plus de vieux soldats d'Afrique, de braconniers, de contrebandiers, au courant de toutes les ruses, et connaissant leur terrain dans ses moindres parties.

En plaine, à découvert, il n'y a rien à tenter, évidemment.

Mais les forêts, les collines, d'une part, les ravins, les carrières, les fondrières, d'autre part, n'offrent-ils pas de suffisantes ressources pour la lutte ?

Quelques maisons, quelques murs, quelques ouvrages en terre, bien crénelés, ne sont-ils pas utiles pour retarder une marche en avant ? *Et qui peut prévoir les conséquences d'un retard dans un mouvement?*

Et les mines pratiquées aux bons endroits ?

Et, surtout, l'effet moral produit par une résistance *de tous les instants,* de toute la ligne, à l'envahisseur, détonnant aussi complètement auprès *de la facile promenade* d'il y a vingt-deux ans ?

Plus de rodomontades, d'insolentes réquisitions, *de vie agréable* et abondante : la mort partout, toujours, à l'affût. Allemands et consorts sont des hommes comme les autres : il s'en faut que tous marchent de gaîté de cœur. C'est bon pour ceux dont c'est l'état, la carrière, et qui ne cherchent dans l'extermination que galons et décorations. Les autres, fussent-ils remarquablement stylés et entraînés, tiennent à leur peau, et l'existence toute nouvelle qu'on leur ferait mener, calmerait sensiblement leur zèle.

Il y aurait, certes, des représailles terribles. On s'y attend. On en aurait autant à leur disposition.

Mon vœu le plus ardent, c'est que la guerre soit portée chez l'ennemi.

Mais, comme on ne sait jamais ce qui arrivera, il est bon de prendre ses précautions, toutes ses précautions. Le hasard se réservant toujours des surprises, il est plus que suffisant d'avoir à parer brusquement à des coups inévitables, sans avoir, en outre, à s'occuper de son organisation.

Enfin, pour entrer dans un détail, rien n'empêche de donner aux partisans un semblant d'uniforme, à bon compte, en notifiant leur droit de belligérants à titre d'armée auxiliaire. Qu'ils portent une blouse. Tous les paysans en ont une. Et, l'hiver ils trouvent bien moyen de se couvrir en dessous. Les autres, les citadins, peuvent s'en procurer une. Ce n'est pas cher. On met un numéro au collet.

Quant à la coiffure, une casquette avec un numéro ou une cocarde. C'est la coiffure la plus usuelle, et elle n'est pas hors de prix.

Même en la procurant aux vrais nécessiteux, la dépense ne serait pas lourde. Ce serait loin du gâchis d'autrefois.

Au besoin même, fournît-on des souliers à ceux qui n'en ont pas réellement, on ne se ruinerait pas. Ce ne seraient pas les longues marches qui les fatigueraient.

On obtiendrait ainsi, à la rigueur, un ensemble pas trop disparate, ce qui est d'un minime intérêt, l'objectif étant non de frapper l'œil mais de cogner ferme.

Pour la solde, on a des précédents avec les anciens mobilisés.

Les ambulances locales, pharmaciens, médecins, étant généralement assez nombreux, seraient plus commodes à organiser qu'en rase campagne, et regarderaient les services départementaux.

Bien d'autres ont vaincu avec le système des guerillas, qui étaient bien loin de disposer de tant de ressources, et ne couraient pas un péril semblable.

Si l'intérêt général demande impérieusment les grands sacrifices que je signale, je sais pertinemment que les intérêts privés sont tout opposés.

Est-ce que l'égoïsme peut entrer en ligne de compte? Est-il possible d'admettre que l'effacement, la reculade, la soumission lâche et veule puissent être préconisés ?

Ces hommes, dira-t-on, qui ont fait leur temps (comme si on avait jamais fait son temps quand il s'agit de la patrie !) ces hommes que vous voulez improviser soldats, ont femmes et enfants : les arracher à leur foyer c'est la ruine, c'est la misère. Et s'ils meurent ce sera encore pis.

Est-ce que le décès d'un individu pauvre n'est pas toujours une perte matérielle pour les siens? Est-ce que les maladies, les épidémies, les accidents, ne fauchent pas quotidiennement des quantités de malheureux, bêtement, les faisant mille fois plus souffrir qu'une balle? Ceux qu'ils laissent sont bien obligés d'accepter le fait accompli et ses conséquences. Et cette fin banale est foncièrement gratuite (pour ceux qui calculent tout), tandis que d'être tué à l'ennemi, cela rapporte quelque chose à la veuve ou aux orphelins.

De plus, est-ce que les soldats de la réserve et, à plus forte raison, ceux de toutes les classes de la territoriale, n'ont pas aussi femmes et enfants? Ils marcheront cependant.

Ce serait de l'aberration mentale, ce serait la négation de tout sens moral, d'admettre qu'ils iront au feu parce qu'ils y seront *forcés*.

Par conséquent cette objection ne peut exister.

Chacun, sans exception, a sa tâche, tâche glorieuse, dans l'action commune.

Que l'on prenne toutes ses dispositions pendant qu'il en est encore temps, peut-être, et, après, en avant! Toujours, coûte que coûte, en avant !

*
* *

Dans un ouvrage comme celui-ci, inspiré par l'amour du pays et par un ardent patriotisme, — car rien n'est plus sincère que l'affection ressentie pour la famille d'adoption, affection libre, spontanée, dégagée des règlements,

usages et lois qui obligent en quelque sorte
envers la famille naturelle — il ne peut y
avoir place que pour la vérité, et, jamais, sous
aucun prétexte, pour la flatterie, forcément
pernicieuse, ni pour la légende.

Il est même indispensable, à mon avis, de
signaler, de rappeler, des abus, des excès, des
niaiseries, des vantardises, qui ne doivent plus
se renouveler.

J'ai lu nombre de livres sur la dernière campagne. Or, dans les plus populaires, les plus
répandus, dont certains se débitaient par la
suite en livraisons, j'ai trouvé à chaque instant
des passages extraordinaires.

Ainsi les pauvres fantassins, harassés, écrein-
tés, ne pouvaient avancer tant ils étaient aveu-
glés, transpercés, par des pluies torrentielles,
tant ils s'enlisaient dans les terres défoncées.

Mais, alors, comment s'y prenaient les Allemands pour les poursuivre à marches forcées
(notamment en ce qui touche à l'armée de
Châlons), les rejoindre, les dépasser, les cerner? Est-ce que les averses n'existaient pas pour
eux? Est-ce que le sol n'était pas tout aussi
détrempé sous leurs pas?

Alors quoi? A quel triste résultat arrive-
t-on, en voulant trop prouver, avec les meilleures intentions du monde !

A peine aussi une compagnie, une section, une escouade, est-elle engagée qu'elle est accablée par toute une division (!!) régulièrement. C'est textuel. Grand Dieu ! où l'ennemi prenait-il tant de divisions que cela ?

Et comment se fait-il que, sur un effectif d'une centaine de mille hommes, on ne lance que de minces poignées de combattants contre ces masses profondes, interminables et sans cesse renouvelées ?

Passons ! c'est navrant de ridicule. Et ces racontars de concierges que d'aucuns prônent comme touchants et qui se rapportent aux provinces « cambriolées » : les pigeons tricolores auxquels on donne la volée ; les trois jeunes filles qui se donnent le bras et qui, habillées, l'une en bleu, l'autre en blanc, l'autre en rouge, passent sous le regard furieux d'une sentinelle prussienne ?

C'est possible, je le veux bien, à la rigueur. Mais c'est de la faribole, du fait-divers, c'est, non une preuve d'attachement, quoi qu'on en dise, — mais un enfantillage quelconque, ne devant, à aucun point de vue, attirer l'attention d'un peuple réellement grand et fort comme la France, qui a, pour l'heure de la revanche, d'autres chats à fouetter que des matous apprivoisés et miaulant la *Marseillaise,* car il est étonnant que les « patriotes » de beuglants n'en soient pas encore arrivés là.

Tout cela est grotesque, presque indigne. Pour en finir avec ce triste sujet n'est-il pas à souhaiter que l'on exécute, à l'avenir, sans pitié, les vantards, les faux braves, les héros de contrebande qui racontent des histoires à dormir debout, qui narrent à tout venant qu'après avoir tué une trentaine d'ennemis ils ont été pris et se sont échappés au péril de leur vie, — et ne savent même pas armer leur fusil ; de ces guerriers, qui, ayant peut-être été une fois de garde aux remparts ou devant une caserne, ne parlent que de surprises de nuit, de massacres, de marches silencieuses « à la file indienne ».

Que j'en ai connu de tous ceux-là !

Et les abjects misérables, toujours mauvais soldats, qui brûlaient les meubles, les pianos, quand ils avaient sinon du bois, du moins les portes, les fenêtres, les planchers, pour se faire du feu ; qui brisaient les glaces, crevaient les tableaux, salissaient partout, et, oh honte ! volaient tout ce qui pouvait s'emporter, mettant cela sur le dos de l'envahisseur qui en avait pourtant assez à son actif, mais, du moins, n'était pas chez lui.

Pour qui donc la fusillade est-elle faite ?

Qui ignore ces ignominies isolées, certainement, mais trop fréquentes ? Et l'on n'ose en parler bien haut. Pourquoi ? Pour tromper... qui ? Est-ce que, par hasard, l'immense masse des braves gens qui se faisaient trouer la peau est responsable des vilenies de quelques gredins ?

Il faut cacher ses plaies, croit-on. C'est une erreur. Des plaies comme celles-là doivent être étalées au grand jour pour qu'on les guérisse radicalement.

Le règne est fini des bavards, des « malins », des fanfarons, et aussi des gens « à relations », qui trouvent toujours moyen de dénicher un bon poste pas dangereux, de récolter des honneurs et des croix, et finissent par croire que c'est arrivé.

La lice est ouverte à tous, mais à tous, grands et petits, qui iront réellement de l'avant, risqueront vraiment leur existence,

Des gens graves, gourmés, et des enthousiastes irréfléchis prétendent que le soldat allemand est un esclave, une machine, même une brute,

Conclusion : comme c'est flatteur pour des hommes intelligents d'avoir été battus par des machines et des brutes, quels que soient les motifs à alléguer pour expliquer la défaite !

Les mêmes traitent l'Italie, actuellement, de quantité négligeable,

En ce cas où sera la gloire de la battre ?

Et si — tout est possible à la guerre — c'était le contraire ?

Pas de gasconnades avant ! c'est indigne.

Pas non plus après ! C'est malpropre.

Et, aussi plus de caricatures idiotes où l'on tourne en ridicule des gens qui, après tout, meurent et tuent, ce qui n'a rien de folâtre.

Il ne s'ensuit pas qu'il faille être lugubre, ou farouche ; bien loin de là, car le sérieux à outrance est une autre sorte de pose, de genre, qui ne prouve rien du tout. Mais entre la jactance imbécile de quelques-uns et l'excès opposé, il y a un abîme.

Que l'on ne se fasse pas d'illusions : l'Allemand est entêté, solide, patriote — personne n'a le monopole de patriotisme — et rancunier. Les générations successives lui ont légué une formidable animosité contre le Français non seulement à cause d'Iéna, et de différents incidents des campagnes de Napoléon Ier, mais aussi à cause des exactions des généraux de Louis XIV et des incendies du Palatinat.

Il lui en veut également, à l'heure actuelle, de ne pas le laisser reposer sur ses lauriers; de ne pas lui abandonner la suprématie en Europe, et de l'obliger à une nouvelle lutte aléatoire.

Il sait parfaitement combien, en 70-71, la victoire définitive lui a été difficile à arracher, combien de sacrifices elle lui a coûtés, malgré sa chance insolente, inespérée, malgré l'incroyable fantasmagorie qui présidait aux moindres actes de l'adversaire, malgré les incommensurables fautes des chefs jusqu'au milieu de la campagne, et le désarroi forcé, la faiblesse des contingents qui lui furent précipitamment opposés à la fin.

Et il se défie sagement de l'avenir qui ne lui ménage pas semblable aubaine. Aussi y mettra-t-il un acharnement sans exemple pour en terminer au plus vite et pour « vivre », la position étant identique de part et d'autre : Vie ou mort.

Ce qui fait son inquiétude est précisément ce qui raffermit l'espoir des Français.

Quand on a pu faire ce qu'on a fait avec *rien*, que sera-ce avec *tout* ?

Avec leur bravoure innée, leur rage de l'ancienne défaite, leur soif d'effacer les humiliations d'autrefois, leur armement, et surtout les généraux qu'ils ont, capables, actifs, et éprouvant la noble et légitime ambition de s'illustrer, les meilleures chances sont pour eux, à une condition :

11.

C'est, — on ne saurait trop le répéter — de se soumettre à une discipline de fer et de se débarrasser, tout de suite, des discoureurs, des raisonneurs, des semeurs de paniques et des parasites encombrants dont je viens de parler.

C'est aussi de se croire seuls, bien seuls, et d'agir en conséquence. De cette façon pas de désillusion. Si le contraire arrive, tant mieux ! Ce sera une surprise agréable.

Les sympathies et l'intérêt de la Russie, qui ne peut laisser écraser la France pour avoir son tour après, tel est le raisonnement, fort logique, excessivement raisonnable, qui a universellement cours.

C'est rigoureusement exact.

J'ajouterai même, à l'appui, un mot historique, insuffisamment connu ici, je crois, qui remonte à bien loin, et que l'on peut considérer comme une prophétie, comme une ligne de conduite toute tracée.

A son lit de mort, le tsar Ivan le Terrible disait à son héritier :

— Droujiss ni sçaçiédom, a tchrêz çaçiêda ! (Allie-toi non avec le voisin, mais de l'autre côté du voisin !)

Ce n'est donc pas nouveau comme politique, quoique ce ne se soit guère pratiqué jusqu'à maintenant, on en conviendra.

Mais on conviendra aussi que les sympathies et l'intérêt du Wurtemberg et de la Bavière ne les poussent guère non plus vers la Prusse qui les a englobés et mis sous sa coupe après les avoir battus.

On ne voit qu'imparfaitement les profondes sympathies de l'Autriche vis-à-vis du vainqueur de Sadowa, et encore moins l'intérêt qu'elle éprouve à aider à l'augmentation de pouvoir d'un peuple qui n'aura, elle le sait, rien de plus pressé que de lui subtiliser ses provinces allemandes en guise de remerciement.

Il faudrait avoir l'œil bien clairvoyant pour distinguer, même approximativement, les sympathies réciproques de cette même Autriche et de l'Italie, pour deviner, dans l'ombre épaisse, une lueur d'intérêt les rapprochant.

Et cependant ! Le fait est là, patent, palpable, indéniable dans son invraisemblance.

A quoi riment les hypothèses les plus sagaces, les raisonnements les plus limpides, les plus probants, devant la réalité brutale ? A rien.

Sur qui peut-on espérer compter ?

Sur personne !

Sur soi.

C'est le plus sûr, le plus vrai, car on n'est jamais si bien servi que par soi-même.

Et ce ne serait pas la première fois qu'on se trouverait isolé.

On l'a toujours été, de tout temps, malgré les flatteries, les compliments, les gracieusetés dont on a perpétuellement abreuvé la France sur son génie, sa valeur, ses succès, sa fortune, ses sciences, ses arts.

Mais au moment d'agir et de prouver efficacement leur admiration en lui tendant la main, ces enthousiastes se liguaient pour l'accabler, sans trop souvent y réussir, et la fumée des canons avait vite éclipsé celle de l'encens.

Si elle n'était pas ce qu'elle est, il n'en serait pas ainsi. C'est une consolation que bien d'autres n'ont pas, malgré leurs allures d'ogres et de matamores.

C'est son lot, son sort, d'être seule et de ne pas s'en tirer plus mal d'affaire pour cela.

S'il se présente une exception à cette règle fatale, elle sera la bienvenue, c'est tout.

Il n'y a pas que des colosses en Europe, il y a aussi des peuples beaucoup moins grands comme étendue, mais tout aussi courageux et déterminés que les autres, qui ont leur indépendance à sauvegarder dans le cataclysme universel, ou des rancunes à assouvir ou des revanches à prendre, ou une situation à saisir.

L'aide normale, tout indiquée, serait là, car

la France ne leur fait aucun mal, ne leur cause et ne leur causera aucun préjudice. Deux fables, bien sensées, le prouvent : l'une dit « qu'on a souvent besoin d'un plus petit que soi », l'autre met aux prises une mouche et un lion, et, ce dernier renonce à la lutte. Ce sera éternellement juste.

Mais ces peuples, sans les amadouer, sans, leur faire d'avances, sans leur accorder de faveurs, il ne faut pas les heurter, les froisser, les exaspérer avec des tatillonnages, sans doute très remarquables, de tarifs, des tracasseries administratives et mille autres chinoiseries de commissions et de bureaux dont on n'est pas près de perdre le monopole.

Bien audacieux qui ose toucher à cette arche sacro-sainte, n'est-ce pas ?

La fo·orme, la rè-gle-men-ta-tion, la hiérar-chie, la rivalité des at-tri-bu-tions ont fait un million de fois plus de mal au pays que les massacres les plus épouvantables. L'histoire est là.

Quand on songe qu'en 70, à *plusieurs reprises*, la fo-orme, le règlement, ont empêché d'employer de l'artillerie et de la cavalerie de la garde, qui sont restées immobiles, qui auraient empêché ou retardé une catastrophe, parce que le général que cela concernait seul n'était pas là, à point nommé, et que, sans lui, on ne pouvait rien !

N'y a-t-il pas de quoi pleurer de rage ?

Voilà la routine, invétérée, néfaste.

Existe-t-elle encore, l'emportera-t-elle toujours sur le bon sens ? C'est à l'épreuve qu'on le verra.

Oh ! ces rouages ! Ils sont admirables dans leur complication, et ils marchent avec une sûreté, un ensemble, une sérénité inouïs ; même dans les circonstances les plus lamentables, les plus pressantes, ils marchent imperturbablement, entassant rapports, signatures, circulaires, notes, changements de boutons et de gourmettes, sur rapports, signatures, et ainsi de suite.

Mais si l'un d'eux subit une avarie, tout craque. Et c'est l'affolement, la ruine.

Y a-t-il un atome d'exagération ?

Que font au peuple, qui paie de son sang et de son argent, toutes ces belles choses ? Que lui importe que MM. X et Z, très forts dans leur spécialité, mettent leur amour-propre à faire prévaloir telle idée qui lui aliéneront des amitiés utiles ?

Ce qu'il veut, c'est être bien gardé, bien dirigé, au moment venu, et il ne pardonnerait pas à ceux qui n'auraient pas compris cette simple vérité.

Les dissertations savantes, d'une part, la diplomatie, d'autre part, malgré ses finesses, si célèbres mais si peu apparentes, n'ont jamais rien fait contre ou sans la force. Le canon a toujours ou contresigné ou déchiré les protocoles les plus réussis.

Sans remonter à plus d'un siècle, à quoi la France doit-elle ses victoires, ses conquêtes et ses revers? Est-ce à la diplomatie? Et la Prusse, et la Russie, et l'Autriche, et l'Angleterre? Non, c'est à la force.

L'Italie aussi, c'est à la force qu'elle est redevable de son existence, c'est à la force des autres.

Et ce sera toujours la force, la force brutale, la force bête, qui l'emportera.

Il ne s'agit que d'être fort.

Raisonnablement, dans la composition hybride de la Triple alliance, il est de toute évidence qu'un des adhérents, l'Autriche, n'a rien à gagner et tout à perdre à un affaiblissement de la France.

Et cela ne l'empêchera très probablement pas de coopérer à l'action commune, soit par aveuglement, soit parce qu'elle y sera forcée.

La tradition, les droits acquis, le passé tout entier, la désignent pour être à la tête de la confédération germanique : c'est le rôle tout indiqué qu'elle devrait aspirer à reprendre, et ce ne seraient pas les appuis éventuels qui lui feraient défaut. Eh bien, non! Ce peuple orgueilleux, brave, intelligent, se contente de marcher à la remorque d'un parvenu, qui le distrait, l'éblouit, l'abuse à l'aide du spectre russe qu'il fait miroiter devant ses yeux.

Et, entre une supposition hypothétique d'un conflit avec l'un, et la certitude d'un écrasement, d'un pillage, d'un vol à main armée avec l'autre, l'Autriche n'hésite pas : c'est à ce dernier qu'elle confie son sort, c'est devant lui qu'elle s'efface !

La position de l'Italie est, au contraire, simple et franche... dans son genre.

La France l'a faite ce qu'elle est; certes, quoiqu'elle raconte, quoiqu'elle ergote, c'est une chose indéniable.

Et c'est précisément un motif d'animosité, de haine féroce : rien n'est plus humain que d'en vouloir à quelqu'un, pour certaines natures, en proportion des services qu'on a implorés de lui, et de la reconnaissance que l'on devrait, moralement, lui conserver, ce qui procure un état d'humiliation, d'infériorité insupportable.

L'Italie, « la nation-sœur » est, aussi, profondément logique : elle sait à merveille que l'indépendance du cœur est une vertu de premier ordre, que le sentimentalisme est une duperie : elle est vexée de savoir qu'elle ne peut rien par elle-même, que, chaque fois qu'elle a essayé de lever le nez, on le lui a rudement rabaissé (soin dans lequel excelle un de ses bons amis du moment); mais c'est un détail. Elle sait, par expérience, aussi, qu'elle a toujours eu de gros et de petits morceaux à agripper dans les partages de butin opérés par autrui. Elle va maintenant dans le sillage de l'Allemagne, comme les requins vont dans celui d'un navire, parce que l'Allemagne a eu l'avantage dernièrement et qu'elle espère qu'il en sera encore de même à présent, comme elle montrerait un dévouement exubérant à la France s'il en eût été autrement, dans l'attente du morceau de cadavre qu'on lui jettera pour prix de son obéissance.

Et c'est la descendance de l'ancienne Rome !

L'Angleterre, elle, ne trompera personne que ceux qui y mettront de la bonne volonté. On sait que, s'en mêlant effectivement ou non, elle ne songera qu'à elle, à elle seule, que, quoiqu'il advienne, elle aura toujours gagné quelque chose de bon, sans se départir de sa morgue, dominant ses associés de toute la hauteur de son égoïsme insolent, et les roulant avec un flegme, une placidité imperturbables.

Dans le camp présumé opposé, et que toutes les apparences désignent comme l'allié possible de la France, la question est fort complexe.

Avec des finances restreintes, des moyens de transports insuffisants, qui l'obligent à réunir, dès le temps de paix, des masses considérables de troupes sur ses frontières, la Russie, à sa première velléité de remuer, aurait sur les bras l'Autriche, sacrifiée d'avance pour la gloire et les aises de la Prusse.

Avec d'excellents soldats de chaque côté, et un acharnement d'autant plus grand qu'il ne reposerait sur aucun motif, la lutte serait longue et ne prendrait fin qu'à force de contingents nouveaux, sans cesse renouvelés, assurant l'avantage aux armées du Tsar.

D'où temps gagné et écrasement de l'Autriche : double et inestimable profit pour Guillaume II et les siens.

Qui sait même si celui-ci n'offrirait pas, en temps opportun, à son puissant et redoutable voisin de l'Est des avantages si inappréciables, si palpables, au détriment de n'importe qui, qu'il s'assurerait de ce côté une neutralité complète?

Est-ce une impossibilité? Non.

De fait, admettons que, sentimentalement,

les Russes préfèrent les Français aux Allemands. Ils ne s'en préfèrent pas moins de beaucoup eux-mêmes aux uns et aux autres, et, s'ils obtiennent sans risques, sans coup férir, ce qui leur coûterait d'immenses efforts, des sacrifices considérables, à conquérir, sans certitude complète de réussir, il est présumable que leur parti sera bientôt pris.

Que peuvent-ils espérer du côté de l'Allemagne du Nord ? Rien du tout.

Sans parler de Constantinople (oh ! ce testament de Pierre le Grand ! qui l'a vu ? qui l'a lu ?) qui serait une question bien grosse pour eux et pour leurs ressources, n'est-ce pas vers l'Inde, c'est-à-dire contre l'Angleterre, que leur invincible besoin d'expansion les entraîne fatalement ? N'est-ce pas là leur objectif, dont une guerre européenne ne saurait que très désagréablement les détourner ? Aussi profiteraient-ils avec joie d'une bonne et utile occasion pour retourner à leurs chères études.

Tout ceci est redit (jamais trop à mon sens) pour démontrer une fois de plus que, malgré les élans, les démonstrations, les toasts, les banquets, les discours enflammés, malgré même la sincérité des amitiés, la France doit se considérer obstinément comme seule.

Il faut qu'elle soit formidablement armée,

organisée dans les détails les plus infimes d'apparence — souvent les plus importants — qu'elle ait froidement confiance dans sa force, dans son opiniâtreté, et qu'elle attende les événements.

Et il s'en présentera d'imprévus, qui déjouant tous les calculs, bouleverseront le monde.

Ce n'est pas un cours pédantesque d'histoire que je fais ici : c'est tout bonnement l'exposé, le résumé succint d'une situation générale qui saute aux yeux, et que, précisément parce qu'elle est limpide, on ne daigne pas assez observer.

**

Il n'y a, à mon avis, et à celui de pas mal d'autres, rien de si ridicule, et, par contre-coup, de si périlleux, que les phrases sonores, ronflantes, à effet, mais frappant à faux. Si les discours fougueux, endiablés, ne sont pas immédiatement suivis d'une action, d'une marche en avant, pendant que les auditeurs sont encore sous le charme d'une éloquence fiévreuse, ils tombent à plat, ils laissent voir leur vide, leur « connu », prêtent à la critique, à la plaisanterie même. Et le beau zèle enflammé se refroidit net.

Une musique militaire échauffe jusqu'aux

indifférents, leur fait instinctivement marquer le pas. Dès qu'elle a cessé, on reprend sa marche ordinaire et l'on pense à ses petites affaires.

C'est absolument la même chose. Est-ce que, quand Napoléon s'adressait à ses troupes, c'était huit jours avant la bataille ?

Pas du tout. C'était au moment d'engager l'action.

A-t-il jamais dit : « Pas un pouce de notre territoire, pas une pierre de nos forteresses » ? Non, parce que, malgré toute sa science militaire, il ne pouvait s'engager, ignorant les éventualités possibles.

Il n'a pas non plus annoncé qu'il reviendrait « mort ou victorieux », parce qu'on n'est jamais certain de battre son adversaire, pas plus que de se faire tuer, — ce qui ne prouve rien et n'avance à rien, au contraire, quand il s'agit d'un homme ayant une grande responsabilité.

A la fin d'une proclamation fulminante, Gambetta s'écriait :

— « Honorons aujourd'hui nos pères, et, « *demain*, sachons comme eux forcer la vic- « toire en affrontant la mort ! »

Eh ! non, pas *demain* ; c'est *aujourd'hui* qu'il fallait dire, et, coûte que coûte, essayer de la forcer, la victoire, car on peut toujours, sans engager une action décisive, livrer un combat quelconque suffisant tout juste pour aguerrir les jeunes troupes et les habituer au feu.

C'est ce que Trochu semblait ou voulait ignorer, immobilisant les hommes, les démoralisant par cela même.

Et il ne faut pas être grand clerc pour savoir qu'il aurait pu utiliser ses forces en pratiquant tantôt sur un point, tantôt sur un autre, des sorties continuelles, que l'armée d'investissement, trop peu nombreuse, ne pouvait repousser partout et toujours, et en profitant ainsi d'une occasion, inévitable, pour essayer sa jonction avec les armées de province.

Loin de là, ses discours et ses affiches renseignaient scrupuleusement l'ennemi, à l'avance, sur l'endroit et sur l'heure, méthodiquement exacte, de l'attaque projetée.

Mais il se rattrapait complaisamment sur la phraséologie et les périodes pompeuses.

Un chef-d'œuvre, en son genre, en son triste genre, est sa fameuse proclamation à la garde nationale, qu'on ne saurait trop relire, pour ne plus jamais rien avoir de pareil à entendre.

Ces troupes étaient massées depuis la place de la Bastille jusqu'aux Champs-Élysées. Rien que cela! Et voici tout ce qu'il trouva à leur raconter :

« Jamais aucun général d'armée, disait-il, n'a eu sous les yeux le grand spectacle que vous venez de me donner : trois cents bataillons de citoyens organisés, encadrés par la population toute entière, *acclamant dans un concert immense*, la défense de Paris et la liberté !

« Que les nations étrangères, qui ont douté de nous, que les armées qui ont marché sur nous, ne l'ont-elles entendu !

« Elles auraient eu le sentiment que le malheur a *plus fait* en *quelques semaines* pour élever l'âme de la nation, que de longues années de jouissance pour l'abaisser.

« L'esprit de dévouement et de sacrifice *vous a pénétrés*, et déjà vous lui devez le bienfait de l'union du cœur qui va vous sauver.

« Avec notre formidable effectif, le service journalier de la garde de Paris ne sera pas de moins de 70,000 hommes en permanence. Si l'ennemi, par une attaque de vive force, ou par surprise, ou pour la brèche ouverte, perçait l'enceinte, il rencontrerait les barricades dont la construction se prépare, et ses têtes de colonnes seraient renversés par l'attaque successive de dix réserves échelonnées.

« Ayez donc confiance entière, et sachez que l'enceinte de Paris, défendue par l'effort persévèrant de l'esprit public et par trois cent mille fusils, *est inabordable.*

« Gardes nationaux de la Seine et gardes mobiles, au nom du gouvernement de la Défense nationale, dont je ne suis devant vous que le représentant, je vous remercie de votre patriotique sollicitude pour les chers intérêts dont vous avez la garde.

« A présent *à l'œuvre devant* les neuf secteurs de la défense !

« De l'ordre partout, du calme partout, du dévouement partout!

« Et rappelez-vous que vous devenez chargés, je vous l'ai déjà dit, de la police de Paris pendant ces jours de crise.

« Préparez-vous à souffrir avec confiance. A cette condition, vous vaincrez ! »

Quel pathos !

« Jamais général n'a vu pareil spectacle » si, on en a vu, de plus utiles, mais sur les champs de bataille.

« Que les nations étrangères n'ont-elles entendu l'exclamation, etc. »

Il aurait fallu crier rudement fort ; mais, sans avoir entendu, ce qui n'était pas absolument indispensable, les susdites nations étaient au courant, ce qui, du reste, n'avait aucune importance.

« L'esprit de dévouement et de sacrifice vous a pénétrés. »

D'accord. Raison de plus pour l'employer à autre chose qu'à faire la haie.

« Avec notre formidable effectif, etc. »

A quoi sert-il, renfermé ?

« L'ennemi rencontrerait les barricades dont « la construction se prépare. »

C'est pour plus tard ? A quoi bon en parler ? Si l'on éprouve le besoin de causer, ce qui se fait, ce qui existe, vaut mieux que ce qui « se prépare. » On sait ce que vaut l'aune de ces préparatifs futurs.

« Paris est inabordable. »

Quoi qu'il en soit, il a malheureusement succombé. Les Allemands ne l'étaient pas, eux. Que ne les abordait-on perpétuellement, jour et nuit, avec ces centaines de milliers de baïonnettes tant célébrées ?

« Votre sollicitude pour les chers intérêts dont vous avez la garde. »

Evidemment. Le contraire serait surprenant. Pas n'est besoin de fleurs de rhétorique pour proclamer cette limpide vérité.

« Souffrez avec confiance ! A cette condition « vous vaincrez ! »

C'est du gâchis. Non. C'est en étant bien conduit, c'est en se battant, qu'on pouvait espérer vaincre, et nullement avec la « confiance de souffrir » ni en écoutant des balivernes.

Et, malgré tout, ces *mots* (car ce ne sont que des *mots* vides) auraient surexcité, nerveusement, l'enthousiasme qu'il constatait. Que n'en profitait-il pour se mettre séance tenante à la tête de ces braves gens qui ne demandaient pas autre chose, et marcher à tout prix ? Surchauffés ainsi, les courages auraient décuplé, on n'aurait réfléchi à rien, et on se serait admirablement comporté. Devant un pareil torrent déchaîné, Dieu sait quelle contenance auraient eue les assiégeants, car là, quoi qu'on dise, l'énorme supériorité numérique des Parisiens eût été un terrible facteur.

Il s'en garda bien !

Il avait péroré. Il était content. Il était convaincu d'avoir rempli son devoir.

S'il n'avait pas confiance, ce qui est très admissible, dans ses soldats improvisés et inexpérimentés, il avait à se taire d'abord. Et, au lieu de leur débiter des niaiseries, son devoir, le vrai, était de les exercer, de les entraîner, de les rendre aptes à un service utile, en en faisant tuer quelques-uns, ce qui valait mieux que de les réduire à crever de faim, conséquence de ce plan mirifique dont personne n'a jamais eu connaissance, lui le premier.

Que c'était grotesque et navrant ! Ces temps et ces mœurs sont morts, bien morts. Nous ne les reverrons plus ; espérons-le fermement.

* * *

J'ai eu pour but exclusif dans cette « page d'histoire », de relater les faits principaux dont j'ai été témoin ou acteur pendant cette triste période, pensant qu'ils pourraient être de quelque intérêt et de quelque utilité.

Mon sujet m'entraîne forcément, — la Commune ayant été la suite immédiate de la guerre, — à parler d'un homme qui, s'il a commis des erreurs, a été l'objet de tant de calomnies, que celles-ci dépassent vraiment trop celles-là. Le temps a marché depuis lors, et permet de parler de choses vraies, sans passion d'aucune sorte, avec l'impartialité la plus absolue.

C'est de Dombrowski qu'il s'agit. Au lieu d'être mon compatriote, il eût été de Lang-Son, de Séville ou d'Anvers, j'affirme que mon récit serait tout aussi sincère.

Je ne crois vraiment pas être taxé d'exagération en constatant que, devant la déplorable issue de la guerre, la population parisienne était outrée, exaspérée. On l'avait employée, en l'inondant de beaux discours, à mourir de faim, et rien de plus : c'est à peine si, de loin en loin, on s'en était servi — pour la faire éreinter — partiellement, afin de coopérer à l'action *régulière* qui a abouti au résultat *régulier* que l'on sait.

Abandonnant les points stratégiques les plus indispensables pour suivre une tactique *régulière* et savante, on n'avait pas pu traverser tout de suite la Marne, faute de ponts d'une longueur suffisante ! ! Cela se passait à Champigny, et l'on était à Paris ! Peut-être le cas n'était-il pas prévu dans les cours et livres scientifiques qui devaient, sans aucun doute, donner à un millimètre près les mesures des plus infimes rivières de l'Asie ou de l'Afrique centrale.

A Buzenval, on envoyait au massacre un tas de gardes nationaux pleins de cœur et de dévouement, où ? Devant un mur de parc que deux ou trois obus auraient jeté par terre ! Mais voilà ! Par suite de manœuvres profondément raisonnées par un professeur ès-stratégie, l'artillerie était loin de là, immobile, inutile, dans l'impossibilité de bouger, les canonniers fumant tranquillement leur pipe auprès des pièces.

Ceux qui étaient là le savent. Je ne parle pas des guerriers en pantoufles qui pérorent sur tout d'après les livres, méthode qui rapporte plus que l'autre.

N'était-ce pas à la fois cocasse et effrayant ?

Et ces malheureux, épuisés par tant de privations, inutiles en somme, avaient-ils lieu d'être satisfaits de voir le même phraseur (ce n'est pas moi qui parle, je rappelle ce qu'on disait) qui s'était écrié si pompeusement : « Pas un pouce, etc. », signer si piteusement la paix... sans avoir pâti, lui ?

Encore une fois, je suis absolument en dehors de tout cela, n'ayant ni le droit, ni le désir, encore bien moins, de m'en mêler. J'use simplement de la permission qu'a tout être, ni sourd, ni aveugle, de rappeler ce qu'il a vu et entendu. Et quand je serai amené à parler des Polonais, ce sera avec aussi peu de parti-pris, je le répète, que s'il s'agissait de Congolais.

Il est indéniable qu'aux débuts de la Commune, la grande majorité des habitants était pour elle.

Malheureusement le Comité central ne sut pas se rendre compte de sa responsabilité devant le pays et devant l'histoire. Il ne sut pas exposer un programme net. Peut-être n'en avait-il pas.

Il ne sut que déblatérer contre Versailles. C'était insuffisant.

La révolution du 18 Mars était sanctionnée par ce même Paris sur les votes duquel le général Trochu et le gouvernement avaient basé leur pouvoir et l'avaient imposé à la province.

C'est un fait patent, et qui aurait dû servir au Comité pour sauver les apparences, s'appuyer sur ce précédent pour affirmer sa légalité et engager, obliger même Versailles à accueillir les propositions de négociations faites par des gens de la plus haute honorabilité.

Mais MM. Thiers et J. Favre ne voulaient pas traiter avec des rebelles. Rebelles !! Les deux millions d'habitants de la grande capitale auxquels ils devaient eux-mêmes leur existence !

D'autre part, il est certain que la Commune, grisée par son succès inattendu, abusait de son mandat, se trompait grossièrement en s'intitulant « gouvernement », quand il ne devait être question que de « conseil municipal » librement élu.

Pourquoi lui avait-on si promptement laissé la place libre ? Devant une semblable fuite l'erreur n'était-elle pas presque excusable ?

Les hommes de la Commune auraient dû prévoir que la position prise par eux les amènerait à une lutte armée, dont l'issue serait douteuse... sous les yeux de l'ennemi.

Mais il y avait, dans la masse qui les poussait, tant de colères, tant d'écœurements, tant de souffrances et d'humiliations subies, qu'ils n'étaient guère de sang-froid.

A présent, on peut parler de toutes ces tristes choses, les juger, les critiquer à tête reposée... Mais alors ?

La précipitation, les contradictions de leurs décrets, ne devaient pas tarder à étonner, puis à décourager les Parisiens qui, d'une nature très impressionnable, n'estiment que les actes et les entreprises portant l'empreinte d'un esprit de suite, d'une volonté arrêtée et d'une véritable audace.

Malgré tout, la Commune *existait* ; elle avait ses troupes et disposait de moyens de défense qu'aucune révolution n'a jamais possédés. D'après les paroles du général Dombrowski, les arsenaux et les poudrières de Paris contenaient, à ce moment, assez de munitions pour pouvoir fournir les troupes de trois ou quatre petites puissances voisines.

Qu'y a-t-il d'étonnant qu'un homme qui se sentait assez de capacité et d'énergie pour diriger la lutte contre le despotisme, cédât à la tentation, lorsqu'on lui proposa de le mettre à la tête d'une grande armée, car la garde natio-nale de Paris comptait plus de 250,000 hommes?

L'impopularité de l'Assemblée nationale, dont la province surtout était fort mécontente, pouvait fort bien faire supposer à Dombrowski qu'il devait compter sur l'insurrection de grandes villes, ce qui eût été possible, si la direction du mouvement se fût trouvée en des mains habiles.

Dombrowski pouvait donc s'illusionner, en voyant des gens généralement connus par leur probité, tels que Delescluse, Courbet, Razoua, Ranc et Cournet à la tête de la Commune.

Ce furent ces noms qui l'engagèrent à *accepter* le commandement qui *lui fut offert*.

Dans chaque fait historique, le bien et le mal jouent un grand rôle.

Et il me semble donc qu'il n'y a rien que d'honnête et d'humain à relever, du milieu d'odieuses calomnies, ce qu'il peut y avoir de bon et de vrai dans ces événements.

Je suis loin de vouloir réhabiliter les actes ou l'existence de la Commune.

Dans le travail que je livre au lecteur, je juge la question comme étranger qui, par un concours de circonstances, se trouve en possession de quelques détails ou pièces pouvant intéresser le public et l'éclairer sur la participation de ses compatriotes dans ce massacre mutuel, car il est impossible d'appeler guerre la lutte des derniers jours de mai.

Sans aucun doute bien des hommes d'un grand patriotisme et de dévouement périrent à côté de gens pervers, indignes de tout respect et de toute pitié.

*
* *

Je suis certain que beaucoup de lecteurs me sauront gré de mentionner d'abord comment et par suite de quelles circonstances le nom de Dombrowski est devenu si connu à Paris ; et quels motifs avaient amené la Commune, composée de gens pour la plupart si défiants, à le gratifier d'une confiance illimitée, en lui remettant un des commandements les plus importants des fédérés.

J'ajouterai que mon compatriote a montré dans l'exercice de ses fonctions non-seulement des talents peu communs comme général, mais aussi, comme homme, une bravoure et une énergie à tout épreuve.

Les journaux les plus opposés à la Commune reconnaissaient que Dombrowski était le *seul* homme capable dans l'armée de Paris.

Si on peut lui reprocher de s'être mêlé à la révolution de Paris, la loyauté et la justice doivent reconnaître qu'il sut mourir vaillamment pour la cause qu'il avait embrassée comme la sienne propre. On pourra critiquer ses actes, mais on sera forcé d'estimer sa mémoire.

Il est malheureux que le général Trochu, n'ait pas voulu accepter son concours, ait méprisé les services de ce vrai patriote si capable.

Pendant la guerre contre les Prussiens, en 1870, comme pendant les campagnes de France sous Napoléon Ier, les Polonais étaient nombreux dans les rangs des armées françaises; généralement ce sont d'excellents militaires et cela d'autant plus que ceux qui ont servi en France ont toujours été des volontaires. Il est superflu de faire l'éloge des « volontaires »; il n'y a pas de meilleurs soldats.

Que cela n'étonne donc pas que les Polonais, une fois engagés, même en France, arrivent vite à se distinguer particulièrement et montent en grade rapidement.

Les Polonais étaient nombreux dans les armées de province ; devenus libres après le licénciement de leurs corps respectifs, ils sont venus à Paris, trouvant leurs compatriotes encore dans les rangs de la garde nationale en pleine activité de service. On les accepte séance tenante, et le gouvernement, qui les applaudit alors, qui exalte leur dévouement, sera le premier à les honnir !

Entrés dans la garde nationale aux acclamations de la population parisienne — et des pouvoirs publics — le 15, le 16 et le 17 mars, on leur fait un crime de s'être trouvés dans la même garde nationale après le 18 mars !!.......

A part un ou deux cas, c'est la Commune qui est venue à eux, puisqu'elle les trouvait au service de la France, à leur poste.

Avaient-ils à juger ou préjuger qui avait raison, du gouvernement de Versailles ou de la Commune ? Est-ce que cela les regardait ?

Pour eux il n'y avait que les ordres qu'ils recevaient de leurs chefs, sans s'occuper de savoir pourquoi on leur donnait ordre de marcher, contre qui ils marchaient.

Ils auraient été bien reçus s'ils avaient, auparavant, demandé des explications !

Est-ce leur faute, non seulement à eux, mais même aux autres gardes nationaux, si l'état de choses avait été modifié pendant qu'ils étaient dans les rangs ?

Sauf quelques personnes qui ont fait le mouvement, le reste n'était absolument pour rien dans le changement survenu.

Au surplus, sur deux gouvernements, l'un avait fui, l'autre était là. Lequel était le vrai? On ne s'en occupait même pas.

M. Thiers a donc eu très grand tort, aux yeux de l'humanité, en ordonnant la boucherie et la fusillade à tort et à travers, une fois maître de Paris.

Je dois maintenant expliquer ce qui, du temps du premier siège de Paris, avait donné une si grande notoriété à Dombrowski.

Le 18 septembre, à Lyon, dans une réunion de cinq à six mille citoyens français, sur une proposition de mon frère, l'assemblée décida la formation d'une légion Polonaise sous la direction d'un comité. Pour la composer furent élus à l'unanimité les membres suivants : MM. Andrieux, procureur de la République à Lyon, Francfort, Delaire, Manguelin, Ramboz et Bronislas Wolowski. On décida de confier le commandement de la légion à Dombrowski, et d'obtenir pour lui, du gouvernement de Tours, une nomination en due forme.

La légion fut incorporée plus tard dans l'armée des Vosges, commandée par Garibaldi qui, connaissant Dombrowski, confirma volontiers le choix du comité.

On confia à mon frère la négociation avec Dombrowski. Il lui écrivit; ce dernier lui répondit qu'il acceptait le commandement, mais qu'il fallait lui faire obtenir la permission de sortir de Paris en ballon.

M. Laurier, ministre de l'Intérieur par intérim, proposa à mon frère de tâcher de pénétrer dans Paris à ses risques et périls, et d'y traiter avec Gambetta la question de la légion, du commandement et du départ de Dombrowski, et enfin des moyens d'exécution.

Voici la pièce qu'il lui délivra à cet effet :

MINISTÈRE DE L'INTÉRIEUR
Cabinet du Directeur général du personnel

« Aux chemins de fer,

« Laissez passer et circuler gratuitement « M. Wolowski, se rendant à Lyon, à Rouen, et « à Paris, avec retour, en mission du gouver- « nement.

Tours, le 23 septembre 1870.

Le directeur général délégué au département de l'Intérieur.

CLÉMENT LAURIER.

Avec timbre : Ministère de l'Intérieur, Cabinet du Ministre.

Le voyage de mon frère de Tours à Rouen et au Havre fut très long, à cause du transport des troupes et des retards de trains.

Sa tentative pour pénétrer dans Paris demeura sans résultat ; force lui fut donc de retourner à Tours et ensuite à Lyon.

Pendant ce temps, Garibaldi vint en France et Gambetta tomba des nuages, pour réveiller la province profondément endormie malgré l'envahissement.

L'organisation de l'armée de Garibaldi prit une meilleure tournure.

En remplacement de Dombrowski, à qui le commandement en chef était réservé, M. O'Byrn, ancien commandant pendant l'insurrection Polonaise en 1863, se mit à la tête de la légion.

Vers cette époque, mon frère reçut de Dombrowski, par ballon-poste, la lettre suivante, que je cite textuellement :

Paris, 52, rue Vavin, le 9 octobre 1870.

Mon cher Bronislas,

« Comme je vous l'avais écrit, j'ai résolu
« d'aller à Lyon. Ma résolution n'est pas chan-
« gée, et je fais tout mon possible pour réa-
« liser mon projet. Déjà deux fois j'ai tenté de
« traverser les lignes prussiennes, et chaque
« fois j'ai été arrêté par les Français, malgré

« mon passe-port et mon sauf-conduit, et à
« chaque fois l'on me traînait d'un poste à
« l'autre, plusieurs jours de suite. Je sors de
« prison et je vais m'exposer à de nouvelles
« aventures. Peut-être réussirai-je cette fois.
« Du premier endroit où j'arriverai, je vous
« enverrai un télégramme, car je compte tout
« à fait sur vous. Je me propose de me rendre
« à Tours, où je compte sur l'appui de M. Cré-
« mieux. J'espère y obtenir l'autorisation de
« former un régiment de partisans. Faites
« comme si j'étais à Lyon, car, tôt ou tard, j'y
« arriverai. En attendant, préparez tout ce qui
« est nécessaire à la formation qu'il faudra
« terminer promptement, et à la polonaise.

« Recevez mes salutations fraternelles et
« l'expression de mon amitié bien sincère.

« J. DOMBROWSKI.

« Ici l'état des choses est déplorable, car
« tout le monde compte sur la province, mal-
« gré d'immenses forces que Paris seul pos-
« sède, mais il faut espérer que cela tournera
« au mieux. »

« J. D. »

Cette lettre prouve combien le général Tro-

chu fut injuste en prononçant à l'Assemblée
nationale ces paroles calomnieuses :

« Les agents prussiens arrêtés par mon
« ordre deviennent chefs militaires de la Com-
« mune; Dombrowski est dans ce cas. »

Ainsi la mauvaise foi du général Trochu est
flagrante. Il laisse délivrer l'autorisation à
Dombrowski de traverser les lignes françaises
et, en sous-main, il le fait arrêter !! Et ensuite,
devant l'Assemblée Nationale, il le dénonce
comme *agent prussien* !! lorsqu'*il sait*, au contraire, que ce dernier exposait sa vie pour servir la France !

N'y a-t-il pas, dans ce procédé, de quoi exaspérer l'homme le plus stoïque, le mieux
trempé ?

Pendant que Dombrowski luttait à Paris
contre cette mauvaise volonté sans pouvoir
sortir, Garibaldi l'avait nommé commandant
de la Légion Franco-Polonaise. e le voyant
pas arriver, mon frère proposa au général
d'écrire à Gambetta et de l'engager à télégraphier à Trochu pour qu'il fît partir Dombrowki
par ballon.

Voici la dépêche :

Autun, le 9 novembre 1870.

Citoyen Gambetta,

Jaroslas Dombrowski, 52, rue Vavin, Paris, m'est nécessaire. Si vous pouviez le faire sortir en ballon, je vous en serais bien reconnaissant.

Votre dévoué,

G. GARIBALDI.

Conformément à ce télégramme, Gambetta demanda à Trochu, par pigeon-voyageur, de lui envoyer Dombrowski par voie aérienne.

La dépêche de Gambetta a été publiée par tous les journaux de Paris, ce qui occasionna la mise en relief de Dombrowski, connu déjà de la population, soit par ses articles sur la défense de Paris par le général Trochu, soit par les réunions publiques où il donnait des conférences critiquant ledit Trochu.

Un comble : la dépêche de Gambetta trouva Dombrowski en prison ! Trochu n'aimait pas être critiqué, surtout par un militaire de cette valeur.

Ce télégramme fit rendre la liberté au prisonnier, mais jamais le gouvernement de Paris ne voulut consentir à faire partir en ballon celui qui l'admirait si peu.

Il n'arriva donc à Lyon qu'après la signature de l'armistice, c'est-à-dire trop tard pour pouvoir servir la France utilement comme c'était son plus ardent désir.

*
* *

Notre corps franc des Vosges étant alors en garnison à Trévoux, j'apprends par mon frère cette circonstance, et je profite de notre proximité pour venir serrer la main de mon compatriote.

Une fois les premières salutations échangées, je remarque qu'il regarde avec opiniâtreté mes quatre galons.

Tout d'un coup, à brûle-pourpoint, il me dit :

— Une question ! Vous permettez?

— Faites.

— Donc, vous êtes commandant ?

— Vous voyez.

— Ah !

Là-dessus silence.

J'avoue que son attitude m'intriguait beaucoup.

La conversation prenait une tournure bien imprévue pour moi.

Où diable voulait-il en venir ?

J'attends.

Ce n'est pas long.

Brusquement, et comme s'il voulait souligner davantage encore sa bizarre entrée en matière, il reprend :

— Je vous avoue que je suis fortement surpris. Comment êtes-vous arrivé à être commandant en France, vous qui n'êtes pas officier de carrière ?

— C'est précisément pour cela !

— Comment ?

— Dame ! après les désastres que vous savez et le désordre qui les a suivis, j'ai bien été amené à comparer ce qui se passait ici avec ce qui s'était passé pendant l'insurrection polonaise.

... De là m'est venue, conséquence naturelle, l'idée tenace d'essayer de faire appliquer en France le système de guerillas. J'ai vu ministres, préfets, généraux, jusqu'à Freycinet et Gambetta, et, l'unique résultat, vous le voyez, c'est ce grade qui semble tant vous étonner.

Mû comme par un ressort, il me tend la main, et me dit, visiblement satisfait :

— Vous me faites du bien ! Car je craignais, excusez ma franchise, que vous ne soyez arrivé, comme bien d'autres, par recommandation, relations, protection, et autres moyens que j'estime peu.

Il ne faut pas oublier qu'il était, lui, officier de l'armée russe, professeur à l'Ecole supérieure de guerre de Saint-Pétersbourg.

On vient de voir que, malgré son incontestable mérite, à lui qui, en outre, avait été un des principaux chefs des guerillas en Pologne, la note dominante, malgré tout, était chez lui, comme chez les autres «réguliers», la hiérarchie « régulière ».

Ce petit entretien explique comment, par la suite, il me proposa, dans la Commune, des postes élevés que je m'empressai de refuser avec énergie, quoi qu'en ait voulu faire croire, plus tard, le gouvernement de l'ordre moral.

*
* *

Après la signature de la paix, il retourna à Paris, où il se trouva en relations avec les hommes qui, peu de jours après, devenaient membres de la Commune.

Vu sa compétence militaire on ne le laissait pas tranquille.

Le 18 mars, Thiers s'enfuit de Paris en emmenant ce qui lui restait de troupes. Ce même jour, les membres du Comité central des gardes nationaux fédérés, maîtres de la ville depuis quelques heures à peine, invitèrent Dombrowski à assister au Conseil de guerre.

Interrogé par le Comité, sur ce qu'il pense de la situation, il répond qu'il faut réunir le soir même la garde nationale, attaquer Versailles, dissoudre le gouvernement et l'Assemblée comme ne jouissant pas de la confiance du pays, et ordonner de nouvelles élections pour une Constituante.

— Mais ce n'est pas possible ! lui répond-on. La France nous accusera de vouloir lui imposer notre volonté. Notre mouvement est purement municipal, nous ne demandons que des libertés municipales pour la ville de Paris.

— Parfait ! interrompt Dombrowski, mais vous n'y voyez pas bien loin. Le gouvernement de Versailles nous considère comme des rebelles et ne consentira *jamais* à traiter avec nous. Par la force même des événements et par le peuple à qui vous devez obéir, vous serez poussés à une lutte à main armée et alors il sera trop tard ; les Versaillais auront eu le temps de s'orienter, d'augmenter leurs forces, tandis qu'aujourd'hui ils tremblent et ne peuvent rien. En attaquant Versailles immédiatement, vous êtes maîtres de la situation. La troupe, terrifiée par vos succés, fera ce qu'elle a fait à Paris ; elle lèvera la crosse en l'air, mais quand même elle se battrait, le fait même de posséder Paris vous donne une force qui n'est pas à dédaigner, ou alors cédez ! L'un ou l'autre ! Il n'y a pas de milieu.

— Non, non, nous ne pouvons pas marcher sur Versailles.

— En ce cas, pourquoi m'avez-vous appelé au conseil? Je suis soldat, et je ne traite la question qu'au point de vue militaire. Mais en envisageant les choses avec plus de sang-froid que vous, je suis persuadé que vous changerez bientôt d'avis, car la question entre vous et Versailles ne peut être résolue que par les armes.

— Vous mettriez-vous, général, à la tête de la garde nationale, si nous nous décidions à attaquer tout de suite notre adversaire?

— Comme militaire, oui, car je suis sûr que je vaincrais.

Après cette conversation, Dombrowski rentra chez lui. Quelques jours après, sa prédiction se réalisait.

Si le Comité central avait suivi son conseil, c'en était fait de Versailles et de l'Assemblée.

Paris n'aurait pas été la proie des flammes, et Dombrowski eût été proclamé un grand homme, au lieu d'être tué et traité d'incendiaire.

Le Comité, ayant goûté du pouvoir et voyant que les dispositions guerrières de Paris n'intimidaient pas outre mesure le gouvernement de Versailles, résolut de l'attaquer, et fit faire, sous le commandement de Bergeret, une expédition dans laquelle ce « général » *improvisé* fut battu et repoussé.

Les « insurgés » commençaient à perdre la tête.

Les processions au logis de Dombrowski devenaient de plus en plus fréquentes.

Il céda à l'insistance, accepta le commandement de la 12° légion.

S'il eût refusé, on l'aurait appelé traître, et de cette aménité, si courante alors, à la fusillade, il n'y a pas loin.

Il accepta donc, opéra bien, et personne ne sera surpris qu'il soit ainsi arrivé à l'éminente position de commandant de la Place de Paris.

De ce moment, les organes mêmes les plus hostiles à la Commune et les correspondants des journaux étrangers s'accordent à dire que tout a marché avec plus d'ordre.

Mais les évènements firent voir que tous les efforts de Dombrowski venaient se briser contre la démoralisation et la décrépitude des éléments dont on lui avait confié le commandement.

L'absence de patriotisme dans les officiers, leur incapacité flagrante, la stupidité de nombreux membres de la Commune, détruisaient ses plans les mieux conçus et anéantissaient les résultats d'une victoire remportée la veille.

Dombrowski était redouté du gouvernement

de Versailles, et ce dernier, croyant que tout s'achète, que tout se vend, se mit dans la tête d'acheter Dombrowski.

On lui fit des propositions, toujours sans résultat.

M. Ernest Picard, que j'ai connu, comme on le sait déjà, m'appela un jour près de lui, et me posa la question en ces termes : (1)

— Est-ce vous ou votre frère qui connaissez Dombrowski ?

— Je connais Dombrowski, mais mon frère l'a connu plus intimement que moi.

— Où est votre frère en ce moment ?

— A Lyon.

— Voudriez-vous vous charger d'aller à Paris parler à Dombrowski ?

— Volontiers… Pourquoi ?

— Je vous autorise à lui offrir de ma part un million, deux s'il le faut, pour qu'il quitte Paris.

— Je veux bien aller proposer à Dombrowski de quitter la Commune, mais jamais lui offrir de l'argent.

— Vous pensez qu'il n'aime pas l'argent ?

— Il ne l'aime certainement pas au point de trahir les hommes qui se sont fiés à lui.

---

(1) Strictement textuel.

— Bah ! Vous avez donc une si bonne opinion de lui ?

— De lui comme de la plupart de mes compatriotes ; les traîtres sont rares chez nous.

— Ce n'est pas trahir que de quitter la Commune.

— Quitter la Commune, sans se faire payer pour cela, ce n'est pas trahir, assurément, mais vous proposez de l'argent, il ne l'acceptera pas, et moi je ne lui ferai pas l'insulte d'aborder ce sujet.

— Au nom de quoi alors voulez-vous lui parler ?

— A titre d'ami et de Polonais; je déplore que mes compatriotes se trouvent dans une guerre civile. Je ferai tout mon possible pour les dissuader, les convaincre qu'ils ont tort, qu'ils paient mal l'hospitalité que nous donne la France. Si cet argument ne réussit pas, aucun autre ne réussira.

— Faites comme vous voulez, pourvu qu'il quitte la Commune.

Et en me remettant un laisser passer de Versailles à Paris, M. Picard me dit :

— *La France vous sera éternellement recon-* « *naissante* si vous réussissez à retirer Dombrowski de la Commune.

J'avoue qu'à cette époque je n'avais que

27 ans ; j'étais encore assez naïf pour croire à ces sornettes, malgré la dure expérience que je venais de faire, pourtant ; je partis assez satisfait de mon entrevue avec le ministre de l'Intérieur, satisfait pour deux raisons :

J'avais l'occasion de rendre un grand service à la France au cas où je réussirais à décider Dombrowski à quitter la Commune, et, en même temps, à la Pologne en sauvant du danger de mort un homme de sa valeur.

Donc, j'arrivai à Paris dans cette disposition d'esprit et me rendis aussitôt chez Mme Dombrowska. Elle me reçut avec un très grand empressement, me priant même de lui rendre le service d'aller trouver son mari qu'elle n'avait pas vu depuis plusieurs jours. Cette mission de la femme du général me fut très agréable, car elle me donnait une excellente occasion d'entrer en matière avec le grand chef de la Commune.

Mme Dombrowska, partageant pleinement mon sentiment, estimait — avec angoisse — que son mari avait eu grand tort de se mêler des choses de la guerre civile. Elle me pria instamment d'user de toute mon éloquence pour le décider à se retirer.

J'arrive place Vendôme et tombe bien, car le général était justement là, donnant des ordres.

Il ne me fait attendre que peu de temps. Je vois dans la grande pièce, contiguë à celle où il recevait, un va et vient continuel. Plusieurs personnes avaient besoin d'un sauf conduit, d'un ordre. Un officier de l'état major prend le cachet du commandant de la Place de Paris, l'applique sur le papier et le pose sur la table sans d'autre précaution ! N'importe qui pouvait s'en servir !...

Dès mon entrée je dis à Dombrowski ce que j'ai remarqué au sujet du cachet en question. Il fait immédiatement mettre bon ordre à cette négligence inouïe qu'il ignorait, et me dit, après les premiers mots de bienvenue :

— Voulez-vous être mon chef d'état-major ?

— Merci, pas cela...

— Mais ?...

— Ah ! non ! par exemple ! Être chef d'état-major ! mais c'est la chose la plus difficile. Il est plus facile d'être général en chef que...

— Eh bien, prenez le commandement de la 12ᵉ légion que j'ai commandée avant d'être ici... il n'y a encore personne de nommé. Voulez-vous ?

— Merci... Ce n'est pas pour cela que je suis

venu. Au contraire... Je voudrais, et c'est le désir de Mme Dombrowska, que vous quittiez la Commune...

— Impossible !!

— Écoutez, général, ce n'est pas notre affaire, à nous autres polonais, que de nous mêler de la guerre civile.

— Pardon. J'y suis et j'y reste! (1).

— Bien dommage! Car cela fera beaucoup de mal à nous tous... votre participation, et celle des autres qui sont avec vous...

— Du tout, du tout, au contraire. Les Français verront ce que nous savons et pouvons lorsqu'on nous a avec soi.

— Mais... pendant la guerre...

— J'ai voulu servir la France pendant la guerre, est-ce ma faute que l'on ne m'a pas laissé faire ?...

Ici Dombrowski a une contraction de physionomie, fait une telle grimace, il s'agite tellement, que j'en conclus qu'il garde à Trochu une haine solide, et que c'est surtout à cause de cela qu'il a adhéré à la Commune.

Et, en effet, sa situation était pénible.

Il se sentait courageux comme peu, capable comme très peu, Garibaldi l'appelle près de

____

(1) Mot réédité plus tard, précisément par son adversaire d'alors.

lui, Gambetta demande à Trochu qu'on le fasse sortir en ballon, on lui donne l'occasion de défendre la France qu'il aime, et, en même temps, la possibilité d'exercer ses aptitudes, ses capacités militaires; tout lui sourit, mais, de par la tenace mauvaise volonté de Trochu, qui, tout en lui délivrant un sauf-conduit pour traverser les lignes de l'armée française, en sous main donne ordre de l'arrêter, on le traîne pendant plusieurs jours de prison en prison ! On le suspecte, on le salit.

Ce n'est pas, pour moi, assurément, un motif suffisant pour participer à la Commune, pour se mêler d'une guerre civile(1); lui, étranger, aurait dû quand même rester à l'écart, mais on ne lui peut refuser, après tout, une apparence de raisons.

Dombrowski reprend :

— Le chagrin de ma vie sera toujours que Trochu ne m'ait pas laissé sortir de Paris. Ah ! lui ! un général ? avec sa stupide défense, ses dispositions ineptes !

----

(1) Si on nous voit circuler, mon frère et moi pendant ces tristes évènements, ce n'est pas en prenant parti pour l'un des deux adversaires. Notre mission a été purement de conciliateurs, voulant, nous, Polonais, retirer d'autres Polonais d'un mauvais pas, d'une fausse situation. J'insiste beaucoup sur ce point essentiel.

... Hélas ! j'avais vu dès le commencement comment cela allait finir. L'inexplicable abandon des positions, des points d'une importance capitale, tels que le plateau d'Avron, Châtillon, le bois de Meudon, etc., les défauts déplorables dans l'organisation de l'armée de Paris, des abus inouïs dans l'administration ; l'instruction militaire la plus absurde, tout cela concordait pour détruire, annihiler inévitablement les immenses ressources matérielles et morales dont disposait Paris.

... Je n'ai pu me taire, voyant tout cela, j'ai pris la plume et fabriqué des *memorandum* l'un après l'autre ; on me répondait par un mandat d'amener *non pas pour la défense,* mais pour me jeter en prison !

... Ah ! croyez-moi, la France mérite d'autres gens à la tête du gouvernement. J'ai l'occasion à l'heure actuelle d'obtenir ce résultat, j'agis en patriote faisant la guerre à ceux qui ont livré l'Alsace et la Lorraine à la Prusse... Eh bien, voulez-vous être des nôtres ? Avez-vous compris pourquoi je suis à la Commune ?

J'avoue que le raisonnement de Dombrowski, en ce qui concernait sa critique sur la manière de la défense en temps de guerre m'émotionne fortement, et, dès lors, je perds l'espoir de le ramener à mon avis sur lequel je n'ai pas varié, moi, que, malgré tout, un étranger n'a pas le droit de se mêler de la politique intérieure du pays qu'il habite.

Après un court silence, il me regarde fixement :

— C'est de votre plein gré, me dit-il, de votre propre chef que vous êtes venu ici ?

— Non. Comment aurais-je un laissez-passer ? J'ai vu M. Picard, et comme ce qu'il me demande d'essayer près de vous répond entièrement à mes sentiments, à mon plus ardent désir, je n'ai pas hésité une seconde.

— Je vous remercie... Mais, il a dû être question... d'argent.., d'une somme à m'offrir ? Allons ! Avouez-le !

J'étais horriblement gêné,

— Non... si... mais j'avais formellement déclaré que je ne vous ferais pas cette injure... Vous êtes témoin que je n'en ai pas soufflé mot.

Il me tend la main et ajoute :

— Je vous en sais gré... sincèrement... Ces hommes!! que sont-ils donc eux-mêmes, pour essayer de pareils et si honteux moyens ! C'est ignoble !

Puis, redevenu bientôt maître de lui ;

— Mais nous causons, nous causons, et j'ai à faire ; c'est le jour d'audiences pour le service de la Place...

— Excusez-moi, je vous quitte, vous demandant l'autorisation de revenir vous voir une autre fois.

— Venez quand il vous plaira — je vous recevrai... toujours avec le même plaisir, mais *vous ne me parlerez plus de quitter mon commandement !!* Réfléchissez et venez avec nous ; prenez la 12° légion. Au revoir.

J'allai directement voir Mme Dombrowska, je lui dis qu'il n'y avait rien à espérer, chose qui l'affligea beaucoup, et je retournai à Versailles pour rendre compte à M. Picard du résultat de ma mission.

Il me pria de faire venir mon frère qui était à Lyon, de ne pas renoncer, car il espérait que Dombrowski, après quelques insuccès, serait plus abordable à ce sujet. Dès que mon frère arriva à Versailles, m'amenant mon cheval que je n'avais pas encore vendu après la guerre, je l'introduisis chez M. Picard.

Je ne l'avais pas informé du motif pour lequel je l'appelais.

Dans un volume qu'il a publié à Genève en septembre 1871 sous le titre : « *Dombrowski et Versailles* », et que nous avons écrit ensemble, vu que la mission de M. Picard nous a été confiée à tous deux, à titre égal, il raconte avec force détails et ses conversations avec

Dombrowski et ses impressions sur tout ce qui concernait sa mission. Fort curieux, ce volume que M. Thiers fit naturellement confisquer à la frontière. Plus de 3000 exemplaires ont été saisis ainsi par le gouvernement d'alors.

J'ai vu encore plusieurs fois Dombrowski en dehors des visites qu'il recevait de mon frère. Toujours le même catégorique refus de quitter la Commune.

Quelques jours avant la rentrée de l'armée de Versailles à Paris, je lui demandais, —c'était à Neuilly, toujours en vertu de ma mission, — s'il avait confiance dans la réussite.

— Non, me répondit-il.

— Pourquoi alors persévérez-vous ? Vous devriez vous réserver pour la Pologne, notre pays a besoin d'hommes de votre courage, de votre talent, de votre réputation (1). Profitez

---

(1) Pour bien faire comprendre ces paroles, je tiens à signaler un fait historique, très probablement ignoré en dehors du milieu où il s'est passé, et qui prouve que la réputation de Dombrowski datait de plus longtemps qu'on ne le suppose généralement.

Après la guerre de 1866, il avait publié une critique sur les opérations austro-prussiennes.

Un jour, quelques députés polonais du Grand Duché de Posen se trouvant à une réception chez M. de Moltke, le vieux maréchal dit à l'un d'eux :

— Vous avez un compatriote dont les capacités font honneur à votre nation. C'est un nommé Dombrowski.

donc de l'occasion qu'on vous donne de sortir sain et sauf...

— Impossible, mon cher, impossible. Il va de soi que si je quittais Paris, la Commune, ce serait les poches vides, mais personne n'y croirait. On sait que Versailles m'a proposé des millions. Si donc je partais et naturellement sans accepter un liard, on dirait tout de même que j'ai accepté. J'ai des enfants, je n'ai pas le droit de leur laisser un nom compromis. Je sais que je serai tué, mais je leur léguerai au moins un nom sans tache.

Je ne l'ai plus revu. Ce sont les derniers mots que j'ai entendus de lui. Ne fallait-il pas les rappeler ? Ils sont dignes et honnêtes : dignes de lui, honnêtes comme lui.

Je suis heureux de les citer ici, tant pour l'histoire que pour ses enfants, à qui il tenait par dessus tout à laisser un héritage moral intact.

* *

Il y a diverses conclusions à tirer de ces faits d'une exactitude scrupuleuse.

Je viens de lire un ouvrage de lui sur la dernière guerre, et, ma foi, c'est bien, sans contredit, le meilleur travail fait sur cette campagne.

Je les effleurerai, les indiquerai à peine, laissant aux autres le soin d'aller plus loin, car c'est un terrain véritablement trop brûlant pour un étranger.

Sans être forcé de trouver tout parfait, je n'ai, strictement, pas le droit de montrer, de signaler une défectuosité.

On me demanderait de quoi je me mêle. Et on aurait raison. On aurait pu m'adresser la même question quand je suis venu prendre du service en France, avec l'entière conviction de pouvoir rendre de sérieux services, au lieu de vivre de mes rentes et de ne pas me déranger. On ne l'a pas fait ; c'est un oubli, qui ne modifie pas d'un iota la valeur de ce limpide raisonnement.

Cependant je suis lié par le titre qui s'imposait à moi pour ce volume, je suis son esclave par la force des choses. Aussi je m'efface complètement et cède la place à l'« histoire », à l'histoire absolue, basée sur des faits, sur des documents.

Je ne saurais trop le redire : je ne récrimine pas pour mon compte, je me mets tout à fait en dehors de la question ; que l'idée que je préconisais, au lieu d'être de moi, fût d'un Parisien, d'un Nantais ou d'un Cambodgien, cela ne signifie rien.

Ce qui est bouffon et navrant à la fois, c'est le résultat.

Voilà un projet de défense bon, puisque, à quelques détails près, il est approuvé par les gens les plus compétents, qui ne font d'objections que sur le radicalisme ou l'autocratie, — comme on voudra — de deux ou trois mesures. Un ministre, M. Picard, le lit, l'approuve, et le *perd* !

Il le retrouve, le soumet au ministre de la guerre, qui le *perd*, après l'avoir jugé « impraticable », comme cela, tout de suite, à première vue, et qui, bien peu de temps après, appliquait juste les principes de ce projet dans ses instructions aux généraux !

Naturellement, — c'est fatal, c'est l'enchaînement de la malechance, — le brouillon lui-même en était *perdu* au milieu du désarroi de cette triste époque.

Mais si l' « écrit », lu par MM. Varaigne, Picard etc., manquait, je ne m'étais pas fait faute de parler aux personnalités que cela regardait, principalement à Gambetta, qui, lui, n'était pas du « métier » et ne se croyait pas obligé de céder tout, par principe, à la routine, au convenu, au « déjà fait ».

Il a bien prêté son concours à quelque chose d'approchant, mais par demi-mesures, par à peu près. Ce n'était pas cela qu'il fallait. Et puis, au surplus, il était déjà bien tard.

Avant l'investissement de Paris, il était encore grandement temps.

Mais ! !...

Comment veut-on (ce n'est pas moi, c'est l'histoire qui parle) arriver à faire adopter une idée neuve sinon audacieuse, dans ce pays si beau, si intelligent, si travailleur, mais, en même temps, et par une étrange anomalie, si paralysé dans ses élans instinctifs, par l'inertie rétrogade de ses « bureaux ». Et Dieu sait combien il en possède, de bureaux !

Les chemins de fer étaient une folle utopie. Ils existaient, ils fonctionnaient pourtant ailleurs, mais on n'en avait jamais fait ici, donc c'était impossible, disaient M. Thiers et tant d'autres.

Les tramways, l'électricité, etc., battaient leur plein partout qu'à Paris même on n'en voulait pas. Et ce n'est qu'après la kyrielle ordinaire des enquêtes, rapports, expertises, commissions, sous-commissions, qu'on s'est décidé... mais quand ?

On invente, certes, autant, plus qu'autre part, mais, quand il s'agirait d'appliquer, tout s'évapore ; il ne reste rien que l'omnipotente administration qui se croirait déshonorée si elle changeait une simple virgule de place.

Est-ce vrai ? Est-ce exagéré ?

Allez donc tenter, dans ces conditions-là, un nouveau système de guerre !

Le salut de la patrie serait là, au bout, aveuglant, qu'on ne vous écouterait même pas, qu'on vous prendrait pour un exalté… Soyons poli !

Et pourtant l'on y viendra tôt ou tard, à employer pour la défense du sol les hommes qui, *légalement*, ne doivent pas de service aux armées actives, — et l'on s'en trouvera bien.

Pour ne parler que du côté allemand seul, il est au moins probable qu'une déclaration de guerre sera immédiatement suivie, si elle n'est pas précédée, d'une invasion de la France, non par l'Est, mais par le Nord.

Sans être devin, ni poser pour tel, on peut raisonnablement faire une supposition, admettre une hypothèse.

Un égorgement formidable, un guet-apens gouvernemental ne va pas, — c'est la règle — sans un fort appoint de jésuitisme et de tartuferie. Il est indispensable que le promoteur du massacre crie bien qu'il est la victime, prouve, à sa façon, qu'il a le bon droit pour lui, et, enfin, puisse évoquer un prétexte.

En voici un, enfantin, mais sûr.

Que le peuple belge fasse une révolution.

En vertu des traités, signés, paraphés, et qui ne disent pas un traître mot de la France, l'empereur Guillaume a le droit, le devoir même de venir mettre le holà.

De plus, comme souverain, il est dans son rôle en prêtant aide et protection à un souverain, par principe.

Est-ce que, par hasard, la France républicaine peut invoquer le même motif pour intervenir ? Non.

Peut-elle marcher contre le roi Léopold, en prenant parti pour ses sujets ?

C'est peu probable.

Eh bien, alors ?

Elle n'a que la ressource d'ouvrir nettement les hostilités pour sa propre sauvegarde, et le tour est joué.

C'est elle qui aura encore une fois été la provocatrice.

C'est elle qui assumera toute la responsabilité des événements.

Et, protocoles en main, en vertu de cette clause qui enjoint à ses alliés de marcher avec elle si elle est attaquée, l'Allemagne saura bien les entraîner.

Le plus joli, c'est que, même aux yeux des co-signataires de l'acte assurant la neutralité de la Belgique, l'intrusion de troupes germaniques ne pourrait, dans ces conditions, passer pour une violation de la foi jurée.

Il est vrai que, pour ceux-là, c'est une peccadille de bien peu d'importance, mais, quand même, les apparences seraient sauvées.

Tout est là.

Et croit-on que, cette éventualité se présentant, il serait mauvais d'avoir, tandis que les armées évolueraient sur tant de points différents, des hommes embusqués dans les forêts, dans tous les coins et recoins connus d'eux, faisant un mal continuel, de tous les instants, à l'ennemi ?

S'ils ne servent pas, tant mieux !

Cela prouvera que les choses vont bien.

Mais il sera tout de même réconfortant de les savoir à leur poste, aux aguets, toujours prêts à tout événement.

Je ne demande pas autre chose.

*
* *

Ces échecs perpétuels, ces fins de non recevoir, ou, plutôt, cette indifférence, cette apathie, cette mauvaise volonté contre toute innovation, ne m'avaient pas rebuté.

Frappé du peu de services pratiques rendus par la cavalerie pendant la guerre, j'avais songé à une réorganisation sérieuse de cette arme.

Le 26 décembre 1871 je demandais audience au ministre de la guerre par la lettre suivante :

A Son Excellence

Monsieur le Ministre de la guerre.

Monsieur le Ministre,

Ayant eu l'honneur de prendre une part active dans la défense de la France contre l'invasion prussienne, j'ai pu me rendre un compte exact du caractère des deux nations belligérantes, de leur organisation militaire respective et de tout ce qui constituait la force de notre ennemi et notre propre faiblesse.

J'ai acquis la certitude que, malgré les circonstances politiques peu favorables dans lesquelles la guerre fut déclarée, malgré notre force numérique de beaucoup inférieure à celle de notre ennemi, malgré le manque de tout préparatif sérieux pour la guerre de premier ordre, la France aurait pu sortir victorieuse de cette lutte gigantesque avec les forces qu'elle avait, si ces forces étaient seulement mieux organisées et dirigées selon les nouvelles exigences de l'art militaire.

La bravoure traditionnelle, le dévoûment pour la patrie et le drapeau, l'intelligence et l'esprit d'initiative, tout ce qui constitue le caractère vraiment militaire et chevaleresque est resté le même chez le soldat français que pendant ses plus beaux jours d'Austerlitz et de Iéna.

S'il a succombé dans la dernière lutte, c'est qu'il fut écrasé par le nombre, c'est que l'ennemi, bien qu'étant loin d'égaler sa bravoure et ses autres qualités militaires, le surpassait par son organisation, par sa discipline et la connaissance exacte du pays qui lui servait de théâtre d'action.

Compléter ces lacunes dans notre organisanisation militaire, mettre notre armée sous tous les rapports à la hauteur du progrès de la science militaire, rendre supérieurs nos soldats à ceux de notre ennemi par l'instruction et la discipline, tel est le seul moyen pour éviter à l'avenir de pareilles catastrophes que les intérêts et l'honneur de la France ne cesseront jamais de réclamer.

Désirant contribuer pour ma faible part à cette réorganisation des forces de la France, j'ai l'honneur de solliciter de Votre Excellence de vouloir bien m'accorder quelques moments d'entretien afin que je puisse lui développer mes idées :

1º Sur la formation du corps des éclaireurs

à cheval et la manière de les employer en campagne ;

2° Sur l'emploi du temps du soldat pendant la paix pour mettre son instruction militaire à la hauteur des nouvelles exigences de l'art de la guerre.

3° Sur l'organisation de l'élément civil en France pendant la guerre, pour éviter toute surprise et attaque à l'improviste de la part de l'ennemi, comme cela est arrivé si souvent pendant la dernière guerre.

J'ai l'honneur d'être, Monsieur le Ministre, avec le plus haut respect, de Votre Excellence.

Le très obéissant serviteur.

WOLOWSKI.

Paris, 26 décembre 1871.

Le 30 du même mois je recevais cette réponse :

MINISTÈRE DE LA GUERRE

ÉTAT-MAJOR GÉNÉRAL

2ᵉ Bureau

Paris, le 30 décembre 1871.

Monsieur Ladislas Wolowski, Ex-commandant des éclaireurs à cheval du corps franc des Vosges, est invité à passer au bureau de M. le colonel Nugues, chef de service de l'état-major général du ministre, mercredi 3 janvier, de 2 à 3 heures de relevée, pour s'entretenir avec lui des idées faisant l'objet de la lettre adressée au ministre en date du 26 décembre.

En l'absence du colonel Nugues, Monsieur Wolowski s'adresserait à M. le colonel Saget.

Le bureau de l'état-major général se trouve dans le bâtiment de la bibliothèque (2ᵉ étage).

Par ordre

Timbre, signature illisible.

Le 3 janvier je paraissais devant une commission, chargée alors de la réorganisation de l'armée, et composée de MM. les colonels Nugues, Saget et Faye.

J'expose verbalement à ces messieurs mes idées : ils m'écoutent avec la plus grande attention, me posant mille questions, quand le colonel Nugues me demande pourquoi je n'ai pas apporté de rapport écrit ; je lui réponds que je n'ai ni le loisir ni les moyens de me mettre à un travail de cette importance, au hasard, sans savoir même si on le lira. Il me réplique que non seulement on s'en occupera, mais que si je l'écris conforme à ce que j'ai expliqué de vive voix, il y a intérêt à ce que je le livre le plus tôt possible.

Mon rapport, que j'apportai en août 72, exposait avec preuves à l'appui les défectuosités de la cavalerie, sa bravoure inutile dans des charges ayant fini leur temps avec l'armement nouveau, le rôle évident et pratique qu'elle devrait jouer, *étant indépendante*, et ayant pour objectif d'éclairer l'armée, de la garantir de toute surprise.

Mes conclusions étaient celles-ci :

Les charges de front, constituant jadis le principal rôle de la cavalerie pendant la bataille, étant devenues plutôt nuisibles qu'utiles, et l'action de cette arme étant devenue d'une importance capitale sur les flancs de l'armée et comme soutien de l'artillerie, il faut :

1° Abandonner définitivement le système de répartition de la cavalerie par division d'infanterie ;

2° Tout en laissant à chaque division de l'infanterie un régiment de cavalerie tout au plus pour ses reconnaissances et son service de reliements, organiser avec le reste de cette arme des divisions indépendantes, se trouvant, comme les divisions de l'infanterie, sous les ordres directs, soit du chef de corps auquel elles seront attachées, soit sous ceux du général commandant en chef l'armée.

De cette manière on pourra toujours lancer une force considérable de cavalerie soit sur une des ailes de l'armée pour prolonger la ligne de bataille et tourner l'ennemi, soit entre deux corps séparés pour les relier d'une manière efficace et combler cette lacune causée par le feu nourri de l'artillerie.

3° Établir les peines les plus sévères contre un chef qui ordonnerait ou autoriserait une attaque de front de la cavalerie contre l'artillerie ou l'infanterie ennemies non-ébranlées par l'action préalable de notre feu. Il est temps de mettre fin à cette boucherie inutile des forces qui, employées autrement, peuvent assurer le salut de l'armée.

Les nouvelles exigences de la guerre imposant à l'armée le devoir de s'éclairer au plus loin possible et de connaître mieux que jamais tout ce qui concerne l'ennemi, il faut changer ou plutôt compléter l'instruction de notre cavalerie.

Il faut donc qu'un conscrit, aussitôt rompu à l'école de cavalier, de peloton et d'escadron, soit sérieusement initié dans tout ce qui constitue un bon éclaireur. Qu'on le rende souple, hardi, agile, entreprenant; qu'on l'habitue à savoir agir d'après sa propre initiative; que l'idée de se trouver, à deux ou à trois, éloignés à plusieurs kilomètres de l'escadron, lui devienne aussi familière que les moindres mouvements de l'exercice dans les rangs. Qu'on lui apprenne enfin l'importance des différents terrains, la manière de les fouiller et de les étudier; qu'on lui enseigne la science de s'orienter, de lire une carte et de faire même, en cas de besoin, un petit croquis. Plus il possédera de ces connaissances, plus il aura de confiance en lui-même, et plus il sera apte à accomplir son rôle important.

Il est plus difficile qu'on ne le croit généralement de former un bon éclaireur. C'est affaire d'intelligence et d'audace plus encore que de la seule instruction militaire.

Outre qu'il est nécessaire, pour bien éclairer, d'être un excellent cavalier, ne s'embarrassant jamais ni de son cheval ni des obstacles rencontrés, il faut des qualités si nombreuses, qu'elles semblent s'exclure mutuellement : habileté, audace, intrépidité, patience, activité, sang-froid, ruse, coup d'œil prompt et sûr et, par dessus tout, beaucoup d'initiative, de décision et de fermeté. Aussi, rien n'est plus rare qu'un bon éclaireur.

En Russie, en Autriche-Hongrie, en Prusse, (surtout dans sa partie nord) les garçons de quelques années à peine sont déjà de très bons cavaliers. Habitués dès leur enfance à l'exercice du cheval ,aux courses continuelles à travers champs, haies et forêts, ils acquièrent dès l'âge le plus tendre la plupart des qualités indispensables à un bon éclaireur.

En France, où, par suite du morcellement, plus grand que partout ailleurs, de la propriété foncière, le petit champ du paysan ne lui permet pas d'élever plusieurs chevaux, où, en outre, la facilité des communications rend leur emploi équestre presque inutile, la plupart des conscrits destinés à la cavalerie ne savent même pas monter à cheval. N'ayant pas pris cette habitude dès leur enfance, ils font leurs exercices sans nul plaisir, comme une lourde corvée à laquelle ils ne peuvent pas se soustraire. Le vrai amour du métier se rencontre très rarement chez eux, et la réponse caractéristique d'un cosaque russe s'obstinant à faire une nouvelle patrouille malgré la fatigue de celle qu'il venait de faire, et donnant à son officier pour unique raison les mots : « cela m'amuse », n'est pas de celles qu'un cavalier français aurait faite dans un cas semblable à son chef.

Ayant eu l'honneur d'organiser moi-même, pendant la dernière guerre, un escadron d'éclaireurs (corps franc des Vosges), j'ai pu constater par ma propre expérience l'exactitude des appréciations que je viens de donner.

Pour que les armées en campagne soient bien éclairées, il faut que le service d'éclaireurs soit organisé d'avance avec le plus grand soin, et composé d'hommes dont le caractère et les capacités les portent à le faire avec amour et intelligence.

Ce service incombe de plein droit aux régiments de la cavalerie légère. Malheureusement le choix des hommes qu'on y destinait jusqu'à ce temps, fut basé sur des considérations de taille et d'autres conditions physiques plutôt que sur les prédispositions du caractère et de l'intelligence des recrues.

Il y a donc deux changements importants à introduire dans notre cavalerie : 1°, changement des conditions dans le choix des recrues, et 2° changement de leur instruction.

Pour bien résoudre le premier point, il faut prendre pour principe qu'il est de la plus haute importance qu'outre les conditions physiques que le conscrit doit réunir, son intelligence et son caractère répondent aussi bien que possible au genre de service auquel on le destine, et, par conséquent, il faut veiller à n'envoyer dans la cavalerie légère que les jeunes gens les plus intelligents et doués du caractère le plus entreprenant.

Quant au second point, il faut se décider à ne considérer les exercices d'ensemble que comme la première partie de l'instruction. Celle-ci une fois acquise, imposer comme devoir principal : l'étude du terrain, la connaissance de la carte et de tout ce qui concerne le service d'éclaireur.

Pour atteindre ce but, on devra manœuvrer dans les campagnes comme si on était en présence de l'ennemi. On fera ces études de préférence dans les départements frontières pour que les éclaireurs étudient d'avance le terrain sur lequel ils peuvent être appelés à agir.

Avec l'introduction de la loi du service militaire obligatoire pour tout le monde, loi que tous les esprits sérieux réclament depuis longtemps, la France aura besoin d'augmenter sa cavalerie proportionnellement à l'accroissement de la force des autres armes. Il serait bon alors qu'elle en profitât pour former quelques régiments de cavalerie légère portant le nom d'éclaireurs et destinés spécialement à ce genre de service. Les jeunes gens de riches familles, habitués aux exercices du sport, d'une intelligence mieux cultivée, parlant souvent les langues étrangères (qualité on ne peut plus précieuse), capables d'entreprendre les choses les plus périlleuses par esprit d'ambition et d'émulation, y trouveraient leur place naturelle.

Quelle utilité ne pourrait-on pas tirer de pareils corps, capables de se rendre un compte exact de tout, et décidés à entreprendre tout ce qui peut mener à la gloire et à l'honneur ! Les éclaireurs français dépasseraient bientôt ceux des autres nations par leur savoir-faire, leur hardiesse et les services importants qu'ils rendraient à leur armée.

N'y a-t-il pas aussi une lacune dans l'organisation actuelle de notre cavalerie, dans laquelle il n'a pas, jusqu'à présent, été indiqué de place pour les corps composés de volontaires? Ma propre expérience de la dernière guerre, la connaissance de pareilles formations dans les armées de quelques autres nations, et une foule d'autres motifs me donnent à croire que cette question mériterait d'être sérieusement étudiée.

RÉSUMÉ

1° Abandon complet du système de répartition de la cavalerie par divisions d'infanterie.

2° Formation du gros de la cavalerie en divisions indépendantes ;

3° Interdiction formelle des charges de front, sauf dans quelques cas exceptionnels ;

4° Adoption du principe qu'on ne doit destiner à la cavalerie légère que les jeunes gens les plus intelligents et doués du caractère le plus entreprenant ;

5° Extension de l'instruction de la cavalerie par l'étude pratique du terrain et de tout ce qui concerne le service d'éclaireurs ;

6° Formation de quelques régiments d'éclaireurs à cheval destinés spécialement à ce genre de service.

Il y a en France une profusion d'éléments précieux en fait d'intelligence et de bravoure. Il faut seulement savoir les organiser, les développer par une instruction solide, les discipliner et les grouper selon leur caractère et le service auquel on les destine. Le reste marchera bien, et l'histoire pourra encore avoir à enregistrer une reproduction de la journée de Iéna.

*
* *

Quand je remets ce travail au colonel Saget, il me remercie, et se lève. Alors s'engage cette courte conversation entre nous.

Je lui dis :

— C'est tout ?

— Mais... oui, c'est tout.

— Vous ne me donnez pas de reçu ?

— Cela ne se fait pas... Ce n'est pas dans nos usages.

— C'est que vos usages sont mauvais.

... Comment ! A celui qui s'est donné du mal, qui a travaillé pour vous, vous ne donnez pas même un petit bout de papier ?

— Nous n'avons pas l'habitude.

— Mais alors, mon colonel, je ne peux, dans ce cas, vous laisser mon travail si je n'ai aucune preuve que je vous l'ai remis.

— Je ne peux pourtant vous donner récépissé d'une chose que je n'ai pas lue.

— Pardon, mon colonel, j'ai consacré plusieurs mois à le faire. Ne pourriez-vous sacrifier quelques instants à en prendre connaissance ?

Alors, tout en causant, je le vois feuilleter le manuscrit, ne dissimulant pas l'intérêt qu'il y prend.

Finalement il m'écrit le reçu ci-contre, et, quand je le quitte, il m'assure qu'il va me constituer un dossier au 2ᵉ bureau.

MINISTÈRE DE LA GUERRE
ÉTAT-MAJOR GÉNÉRAL
2ᵉ bureau

Paris, le 12 août 1872.

Monsieur,

J'ai l'honneur de vous accuser réception de votre travail *sur les réformes à introduire dans la cavalerie française.* Il est déposé au 2ᵉ bureau de l'état-major général du ministre et sera examiné avec tous les travaux qui concernent notre réorganisation militaire.

Veuillez agréer, Monsieur, l'assurance de ma considération.

Le lieutenant-colonel chef du 2ᵉ bureau de l'état-major général.

(Signé) : H. SAGET.

A Monsieur Ladislas Wolowski, ex-commandant des éclaireurs à cheval du corps franc des Vosges.

*
* *

Je n'en ai plus jamais entendu parler.
Cela, c'est la règle.

*
* *

Mais ce qui m'a fait grand plaisir, c'est que l'on a adopté la *cavalerie indépendante.*

* *
*

Rien n'est plus éloigné de ma pensée que d'avoir la moindre apparence de partialité. Je cite des faits vus, vécus, auxquels j'ai été mêlé de plus ou moins près, tels qu'ils se sont passés, n'ayant nul souci de plaire ou déplaire à n'importe qui.

Le seul reproche fondé que l'on puisse me faire, à mon humble avis, c'est mon peu de sympathie pour l'administration, que je considère comme un véritable fléau.

Suis-je le seul à penser ainsi ?

Je ne voudrais plus revenir sur Dombrowski, dans la crainte d'être accusé, bien à tort, de trop préconiser, même inconsciemment, les qualités de mes compatriotes en général, et les siennes en particulier.

Et pourtant, si j'ai démontré plus haut combien était peu fondée l'accusation de vénalité et de trahison portée contre lui, il en est une autre, plus terrible encore peut-être, à laquelle j'ai omis d'opposer une preuve.

C'est un oubli que je me hâte de réparer.

Le fait est-il *rigoureusement* exact ? Peu m'importe. Il ne m'appartient pas de discuter cette question.

Toujours est-il que le document ci-dessous a

été reproduit par tous les journaux de France et de l'étranger, avec cette mention qui a une certaine allure d'authenticité :

Ordre trouvé sur Delescluze.

« Le citoyen Millière, à la tête de 150 fuséens, incendiera les maisons suspectes et les monuments publics de la rive gauche.

« Le citoyen Dereure, avec 100 fuséens, est chargé des 1er et 2e arrondissements.

« Le citoyen Billoray, avec 100 hommes, est chargé des 9e, 10e et 20e arrondissements.

« Le citoyen Vésinier, avec 50 hommes, est chargé spécialement des boulevards, de la Madeleine à la Bastille.

« Ces citoyens devront s'entendre avec les chefs des barricades pour assurer l'exécution de ces ordres.

« Paris, 3 Prairial, an 79.

« Delescluze, Régère, Ranvier, Johannard, Vésinier, Brunel, Dombrowski. »

Comme un pareil ordre peut bien émaner d'un soldat ! !

Comme c'est admissible !

Cependant tout est possible, dans un accès de folie furieuse, bien improbable cependant, étant donné le caractère de cet officier.

Il est des insinuations contre lesquelles tout un passé se dresse pour les réduire à rien, et qui n'en persistent pas moins, malgré leur aveuglante invraisemblance.

Pour les anéantir, les paroles sont impuissantes : il faut des écrits, des écrits probants.

J'en ai un.

Le jour de la rentrée des troupes, Dombrowski, selon son habitude, marche en avant.

Un éclat d'obus le frappe en pleine poitrine, sans le blesser toutefois trop grièvement.

Le délégué à la guerre signe alors cet ordre :

« Ordre au colonel Favy de prendre le commandement du citoyen Dombrowski, blessé, et de se faire remplacer à Neuilly.

« Paris, 2 prairial, an 79.

« Le délégué civil à la guerre.
« CH. DELESCLUZE. »

« Timbre :

Commune de Paris.
Comité de salut public ».

Donc, le 2 prairial, il était *remplacé*, n'avait plus de *commandement* ; de plus, les fédérés, ou, du moins, une partie notable d'entre eux, ne le voyant pas, criaient : « Il a trahi ! » selon la coutume invariable.

Comment, *n'étant plus rien* le 2, aurait-il signé, le 3, cet ordre incendiaire ?

Sans compter que, poussés par la foule, ses collègues de la Commune le tenaient en suspicion !

Peu après, par un de ces revirements si fréquents dans la masse, la sympathie et la confiance remplaçant les soupçons, les membres du comité de salut public lui font des excuses, et le supplient, malgré sa faiblesse, de prendre en main la défense de Montmartre.

Il cède à leurs instances au milieu des hourras.

Trois heures après il était mort, à une barricade du boulevard Ornano.

Son cheval avait reçu sept balles dans la tête et les naseaux.

Lui, n'en avait reçu qu'une, dans le ventre, qui l'emportait après une agonie atroce de deux heures.

Ses dernières paroles furent :

« Et ils ont osé me croire traître ! »

Par une étrange coïncidence, on l'enterrait au Père-Lachaise la nuit où commençaient les incendies dans Paris.

Si ce n'avait pas été un honnête homme, se serait-il fait tuer ainsi, et aurait-il laissé sa femme et ses enfants sans le moindre patrimoine, dans le besoin, même ?

Ce ne sont pas les occasions de faire fortune qui lui ont manqué !

***

Pour en terminer avec ces tristes événements, je ne peux passer sous silence la suprême entrevue de mon frère avec MM. Thiers et Ernest Picard, toujours au même sujet : la sortie de Dombrowski de la Commune.

Je la cite mot par mot, telle qu'il me l'a racontée et publiée lui-même.

« Voyant que tout croulait à Paris avec une rapidité effrayante, ému par les entretiens que j'avais eus avec mes malheureux compatriotes, et convaincu, par les récits des Français eux-mêmes, de l'héroïque dévouement de Dombrowski, de Wroblewski et de tant d'autres, je pris la résolution de profiter de la peur qui dominait ces messieurs du gouvernement : je rentrai à Versailles.

« Accompagné de deux députés de l'Assemblée Nationale, MM. Henri Martin etG., lesquels consentirent à me servir de témoins, je me rendis chez M. Picard et lui dis, en présence de ces messieurs, que j'avais l'espoir de réussir dans mon projet ; mais je désirais avoir des passe-ports pour Dombrowski et pour tous ses officiers polonais.

M. Picard sauta dans son fauteuil.

— Oui, s'écria-t-il, ils donneront ces passe-ports aux membres de la Commune, et nous ne pouvons pas lâcher ces gredins.

— Je vous assure sur mon honneur, Monsieur le Ministre, que cela ne sera pas ainsi. — Si ces passe-ports doivent servir, ils ne serviront qu'à des Polonais, car c'est à ces derniers seuls que je m'intéresse, — et non à d'autres. De plus, il faut que M. Thiers garantisse de son côté que les personnes munies de ces passe-ports ne seront pas arrêtées. Vous comprenez, Monsieur le Ministre, que si j'arrive à les persuader de quitter Paris, un seul cheveu ne devra tomber de leurs têtes. Un simple passe-port ne peut pas suffire, car que feriez-vous, Messieurs, si, au départ, Dombrowski était reconnu et montré à la foule par un individu quelconque ? Le gouvernement aurait-il le courage, même malgré l'engagement pris, de laisser partir Dombrowski, contre le gré de l'opinion publique et de la Chambre ?

Là-dessus MM. Henri Martin et G... me présentèrent au chef du pouvoir exécutif.

M. Thiers me donna la parole. Nous n'avions à traiter que la question des passe-ports, car, de tous nos entretiens antérieurs, M. Picard rendait au chef du pouvoir un compte fidèle. L'entrevue ne présente donc pas le même intérêt que celles avec M. Picard, qui, étant en tête-à-tête avec moi, pouvait y mettre plus de franchise.

La présence de deux députés suffisait seule pour commander une grande réserve à ce grand dignitaire du pays, qui, sans cette circonstance, n'aurait pas manqué de me donner des *instructions* auxquelles je n'avais pas à obéir, instructions toutes conformes à la politique de toute sa vie : vaincre à n'importe quel prix et de n'importe quelle manière.

Mais je raconte maintenant ma conversation avec M. Thiers.

W. — Huit passe-ports me seront nécessaires pour les officiers polonais de Dombrowski.

M. Thiers bondit sur son fauteuil.

Th. — Et ces passe-ports, ils les donneront aux membres de la Commune, à Pyat, à Delescluze et aux autres ? Jamais, jamais je ne le ferai ! Du reste, ils méritent tous la mort, et les Polonais en particulier, qui ont payé d'ingratitude l'hospitalité que la France leur donne.

W. — Je crois inutile d'entamer là-dessus

une nouvelle polémique. Du reste, c'est le gouvernement lui-même qui s'est adressé à moi, par l'organe de M. Picard. J'ai franchement dit dans quelles conditions je puis prêter mon concours à l'œuvre de conciliation entre Paris et Versailles. J'ai à me retirer ou bien à obtenir les huit passe-ports avec les garanties suffisantes pour que leurs porteurs soient respectés jusqu'à la frontière, et c'est pour avoir cette garantie que j'ai prié MM. Henri Martin et G..., ici présents, de vouloir bien venir me servir de témoins.

— La parole du chef du pouvoir exécutif de France ne suffit donc pas seule? me dit M. Thiers avec une extrême vivacité.

W. — Pardon, Monsieur le Président, je n'ai nullement eu l'intention de vous offenser, mais j'ai besoin de me garantir moi-même. Dombrowski pourrait être reconnu en route par quelqu'un de la foule, et arrêté.

T. — Et ce ne sera pas de ma faute. Est-ce moi qui étais coupable de l'arrestation de M. Rouher, à Boulogne?

La conversation, très animée, roula ainsi quelques minutes, entrecoupée par quelques observations de part et d'autre. Secondé par l'intervention de MM. G. et Henri Martin, M. Thiers, si désireux de tirer vengeance, et quoique affectant d'être sûr de sa victoire, se rendit à mes observations, plia et accéda à ma demande.

Il fut décidé que j'irais encore une fois à Paris, que les passe-ports seraient donnés, et que les deux députés qui m'avaient accompagné se rendraient à Saint-Denis, sur mon invitation, et au moment que je leur ferais connaître.

Si Dombrowski et ses officiers parvenaient à obtenir leurs démissions, un train spécial devait être mis à Saint-Denis à la disposition des deux députés, et cela, de nuit.

Le délégué de M. Thiers ne devait assister qu'à la vérification et à la constatation de l'identité de Dombrowski.

Les deux députés et moi, nous étions chargés de conduire les officiers Polonais hors des frontières. Pour exécuter le tout, on m'accorda trois jours, passé lesquels notre convention devait être considérée comme non avenue.

Nous ne savions pas que le lendemain tout devait être terminé.

Lorsque nous fûmes sortis de chez M. Thiers, le député G... dit à son collègue M. Henri Martin et à moi :

— Si la droite le savait ! Elle ferait une scène à M. Thiers et à nous.

J'expédiai mon frère à Dombrowski, qui répondit par un refus.

Le 22 mai arriva à Versailles l'heureuse nouvelle que les troupes, ayant fait une brèche, avaient pénétré dans Paris.

D'après cette première nouvelle, Dombrowski était fait prisonnier.

Je me rendis au ministère pour savoir la vérité. Cette fois M. Picard me reçut, la figure illuminée par la joie.

— Eh bien ! Monsieur, nous sommes à Paris !

— Tout le monde le dit dans les rues, bien qu'on n'y croie pas trop. Dombrowski est fait prisonnier, à ce qu'on raconte.

— S'il en est ainsi, il sera fusillé, répondit M. Picard.

— Bien certainement, Monsieur le Ministre ne donnerait pas maintenant les passe-ports aux Polonais ?

— Bien entendu, à moins que Dombrowski ne se décide à faire arrêter tous les membres de la Commune. Allez le lui proposer.

— Je ne le ferai jamais, et à aucun prix.

Ainsi finit ce drame. »

**

« La France vous sera éternellement reconnaissante ! ! » m'avait dit M. Picard.

Or, veut-on savoir comment cette *reconnaissance éternelle*, si pompeusement promise par
un ministre, m'a été témoignée ?

C'est bien simple.

Le lendemain de l'avènement du maréchal
de Mac-Mahon à la présidence de la République, on me notifiait un arrêté d'expulsion, dans
les vingt-quatre heures !

Pourquoi ?

Pour participation à la Commune !!!

C'est le libellé du décret qui me l'annonçait.

Je pouvais, franchement, m'attendre à tout,
excepté à cela.

M. de Broglie, succédant à M. Ernest Picard,
devait pourtant savoir ce qui s'était passé dans
ce même Ministère de l'Intérieur, quelques
jours auparavant !

Eh bien ! son prédécesseur immédiat me fait
l'honneur de me confier une mission gouver-
nementale extrêmement délicate, et non sans
danger, me couvre de fleurs, probablement
pour m'encourager... et, lui, se révèle à moi
sous la forme gracieuse d'un poteau-fron-
tière !

Encore heureux de n'avoir pas passé devant
le conseil de guerre... et par les armes.

Je me hâte d'ajouter que, devant ma stupéfaction, mon indignation, que je ne dissimulai

guère, cette invraisemblable affaire n'a jamais eu de suite sérieuse.

Pourquoi ? se demandera-t-on.

Parce que je ne me suis pas laissé faire.

Appelé à la Préfecture de police pour les formalités de mon départ, je déclare, quand on me donne à choisir une frontière de préférence, que j'ai un goût trop prononcé pour l'asphalte du boulevard. Interloqué, l'employé me fait observer qu'il faut céder.

Mon indignation augmentant, c'est le fonctionnaire qui cède et m'adresse à un chef de division.

Il serait oiseux de raconter par le menu comment j'arrive, à force de résistance, à obtenir de lui un sursis de dix jours.

J'en profite pour écrire une lettre pressante à mon parent Wolowski, alors premier élu de Paris, lui donne ma parole d'honneur que je n'ai jamais, même en pensée, fait partie de la Commune, et l'adjure de défendre notre nom contre une mystification intolérable.

Il me prévient par lettre que M. Numa Baragnon, sous-secrétaire d'Etat, m'attend à Versailles pour nous expliquer.

Avec cet homme, plein de tact et de courtoisie, je me sens à l'aise. Je lui expose nettement à quel point incroyable on faisait fausse route.

Au courant de l'entrevue, désirant démontrer que mes relations étaient moins dangereuses et de meilleur ton qu'on voulait bien le croire, je lui dis incidemment que, tous les soirs régulièrement, je jouais aux échecs avec M. Jules Grévy, président de l'Assemblée nationale, qui me connaissait de longue date, et aurait été aussi étonné que je l'étais, de ces fantastiques péripéties.

Les gouvernements, on le sait, n'aiment pas avoir tort. Aussi, au lieu de rapporter purement et simplement le décret, on se borna à m'accorder délai sur délai, sans omettre toutefois les petites vexations d'usage : surveillance de la haute police (!!!), par suite, obligation de me présenter à la Préfecture, d'abord tous les mois, puis tous les trimestres, puis tous les semestres, jusqu'à parfait oubli de la part de ces messieurs. Enfin, j'ai bénéficié d'une amnistie générale, ce qui fait que j'ai été grâcié pour un crime que je n'ai pas commis..... au contraire !

Tout cela a exposé ma demande de grande naturalisation à être rejetée plusieurs fois !

Ce n'est qu'incessamment que je vais l'obtenir.

A titre de curiosité, à ce propos, voici la lettre de M. Picard, que mon frère a su se faire donner.

MINISTÈRE DE L'INTÉRIEUR
CABINET DU MINISTRE

Versailles, le 10 mai 1871.

Monsieur,

Je ne puis que vous féliciter de l'intention que vous avez de détromper ceux de vos compatriotes trop disposés à prendre part à la douloureuse guerre civile qui ensanglante Paris. Ce qui se passe dans cette ville peut leur ouvrir les yeux. Contribuez à les détourner de leur intervention dans cette criminelle insurrection, et croyez, Monsieur, que je n'ai pas oublié les souvenirs que vous avez bien voulu me rappeler.

Recevez, Monsieur, l'assurance de ma considération distinguée.

Signé : E. Picard.

Il importe de ne pas perdre de vue que mon frère et moi ne voulions, à aucun prix, tout en nous chargeant d'une mission dont notre patriotisme pouvait s'accommoder, et dont le but, en somme, était le bien général, passer pour de vulgaires agents.

Le ministre, connaissant nos relations étendues dans l'émigration polonaise, en profitait ; c'était son droit.

Toutefois, il a consenti à nous couvrir par la lettre précitée, qui nous donnait une situation spéciale et honorable. C'était son devoir.

* * *

Je n'ai plus qu'un souhait à former, c'est que, si brefs qu'ils soient, ces quelques souvenirs — rigoureusement exacts et historiques — aient pu distraire mes lecteurs, et aussi modifier l'opinion *toute faite* que l'on a de la guerre de partisans, et des réels, des indispensables services qu'elle peut et doit rendre.

DERNIÈRES PIÈCES JUSTIFICATIVES

Pour prouver une fois de plus que j'avais une mission, tout comme mon frère, de M. Picard auprès de Dombrowski, voici la libellé d'un laissez-passer que j'ai conservé, comme, du reste, tous les autres documents cités dans ce volume :

MINISTÈRE DE L'INTÉRIEUR

CABINET DU MINISTRE

Laissez passer librement de Versailles à Paris et de Paris à Versailles M. Wolowski, commandant de l'escadron des Éclaireurs.

Versailles, le 24 avril 1871.

Le chef du cabinet.

FOURNIER.

Timbre :
Cabinet du Ministre.

*
* *

Enfin voici la lettre qu'en 1891 je me suis décidé à écrire à M. Constans.

Son unique résultat a été de me faire comprendre dans une amnistie générale.

On avouera que c'est dur, et que j'avais droit de compter sur mieux que cela.

Paris, 21 juin 1891

A Monsieur le Ministre de l'Intérieur

Monsieur le Ministre,

J'ai l'honneur de vous exposer ce qui suit :

Pendant la guerre de 1870-71, je me suis engagé comme simple soldat, et pendant cette même campagne je suis arrivé au grade de commandant.

Ce rapide avancement a été justifié par de nombreux faits d'armes personnels, et j'ai été par suite proposé par le colonel Bourras, le 25 mai 1871, pour la croix de la Légion d'honneur.

Au mois d'avril 1871 j'ai été chargé, par M. Thiers et par M. Ernest Picard, d'une mission spéciale afin de retirer le général Dom-

browski de la Commune. A cette occasion
M. Ernest Picard m'adressa les paroles sui-
vantes :

« La France, Monsieur Wolowski, vous sera
« éternellement reconnaissante si vous réus-
« sissez à retirer Dombrowski de la Commune ».

Il est vrai que ma mission n'a pas été cou-
ronnée de succès, mais il est triste, en tout
cas, qu'elle m'ait valu pour toute récompense
un décret d'expulsion rendu par le gouvernement du 24 mai 1873, et cela trois jours après
l'arrivée au pouvoir de MM. de Broglie et de
Fourtou.

Ce décret, rendu sur des motifs absolument
inexacts, ne m'a jamais été appliqué et n'a pas
été suivi d'exécution, puisque j'ai pu continuer
à résider à Paris. Cependant, tenant enfin à
rectifier une erreur, plus encore, une injus-
tice, j'ai l'honneur de vous prier, Monsieur le
Ministre, de vouloir bien examiner cette affaire à l'effet de faire rapporter ce décret qui
m'est fortement préjudiciable et qui m'empêche
d'obtenir la naturalisation que j'ai l'intention
de solliciter du gouvernement aussitôt que
votre décision sera prise.

En tout cas, il est urgent que justice soit

rendue à un ami de la France dont le dévouement est traditionnel dans sa famille.

Veuillez agréer, Monsieur le Ministre, l'assurance de mon profond respect et de tout mon dévouement.

A. L. WOLOWSKI.

INDEX

Tours, imp. MAZEREAU. E. SOUDÉE, succ.

CHAMUEL ÉDITEUR

21, RUE DE TRÉVISE, PARIS

A. L. WOLOWSKI. — *Le Colonel Bourras et le Corps-franc des Vosges.* 1 vol. in-18 de 320 p. 3 50

J. LERMINA. — *La Magicienne.* 1 vol. in-18 de 384 p. av. dessin. 3 50

E. GÉRARDS. — *Les Catacombes de Paris* Histoire, description, guide du visiteur. 1 vol. in-8 de 216 p. avec nombr. grav. et 2 plans 3 50

PAULINE DE GRANDPRÉ. — *Les légendes de Notre-Dame de Paris.* — 1 vol. in-18 de 300 p. av. grav. . 3 50

L'ABBÉ JEANNIN. — *Eglise et fin de siècle.* Etudes contemporaines. 1 vol. gr. in-18 . . . . 3 50

CHARLES GRANDMOUGIN. — *Medjour.* Broch. in-18 . 1 00

CÉCILE CASSOT. — *La Fille d'un assassin.* 1 v. in-18 3 50

— *Comment ils l'aiment.* 1 vol. in-18. . . . 3 50

M. W. PASCAL-ETIENNE. — *Périnaïk.* Un superbe volume in-18 de 200 p. av. grav. 2 50

CAROLUS D'HARRANS ET JEANNE FRANCE. — *Duchesse.* Roman. 1 vol. in-18 . . . . 3 50

A. LE BOURGUIGNON. — *La Chouette* 1 vol in-18 de 450 p. 3 50

ROCHESTER. — *La Foire aux Mariages.* 1 vol. in-18 de 550 p. . . . . 4 »

Cte DE LARMANDIE. *La comédie mondaine.* — MONTORGUEIL. 1 vol. in-18 de 320 p. 3 50

ANDRÉ CHADOURNE — *Belzebutha,* 1 vol. in 18 . 3 50

PAUL LELEC — *Maternité,* 1 vol. in 18 . . . . . 3 50

BATAILLES DU CIEL. — *Manuscrit d'un vieux Celte,* 2 vol. in-18 de 100 p. chacun . . . . 8 »

Dr LEFÈVRE. — *Confidences d'un ancien croyant.* 1 vol. in 18 . . . . 1 »

HORACE LEFORT. — *L'erreur latine,* broch. in-16 . 0 50

HACÆPHI CRYSÈS. — *Nouveau langage symbolique, des plantes,* avec leurs propriétés médicinales et occultes, broch. in-16 . . . . 0 75

MUNDUS. — *Bible moderne,* 1 vol. in-16 . . . . 1 50

Christophe Colomb et les Colomb en France, broch. in-16 . . . . 1 »

LOUIS VAULTIER — *Une étoile,* joli vol. in-32 . . . 1 25

www.ingramcontent.com/pod-product-compliance
Lightning Source LLC
LaVergne TN
LVHW020112060726
842526LV00004B/1087